Wagenbachs Taschenbücherei
Die Reihe mit dem Karnickel

Christus weint über Jerusalem,
Bildnisminiatur aus dem Evangeliar Ottos III., 1010, München

VITO FUMAGALLI

Wenn der Himmel sich verdunkelt
Lebensgefühl im Mittelalter

Aus dem Italienischen von
Renate Heimbucher-Bengs

Verlag Klaus Wagenbach   Berlin

Für Rossana

Wagenbachs Taschenbücherei 156
Originalausgabe

Das italienische Original erschien unter dem Titel
Quando il cielo s'oscura. Modi di vita nel Medioevo
im Verlag il Mulino, Bologna

*Schicken Sie uns eine Postkarte – dann senden wir Ihnen jedes Jahr unseren
Verlagsalmanach ›Zwiebel‹*

© 1987 Società editrice il Mulino, Bologna
© 1988 für die deutsche Übersetzung
Verlag Klaus Wagenbach   Ahornstraße 4   1000 Berlin 30
Umschlaggestaltung Rainer Groothuis unter Verwendung eines Ausschnittes
des Bildes *La conversione di San Paolo* von Luca Signorelli
Gesamtherstellung durch die Druckerei Wagner, Nördlingen
Gesetzt aus der Korpus Walbaum Roman
Printed in Germany. Alle Rechte vorbehalten. ISBN 3 8031 2156 6

INHALT

Die gefährlichen Vergnügen des irdischen Lebens,
Meister Ermengol, Le Breviaire d'amour,
13. Jh., Madrid

Vorwort

Die Geschichte der Mentalität und der Verhaltensweisen der verschiedenen Gesellschaftsschichten des Mittelalters weist trotz der von der Forschung auf diesem Gebiet bereits zurückgelegten Etappen mehr als andere Forschungsbereiche noch große Lücken auf. Gewiß aber werfen auch Monographien, die sich mit den Institutionen, mit der Gesellschaft, der Kultur, dem materiellen Leben befassen, explizit oder indirekt ein Licht auf die Denk- und Handlungsweisen der Menschen.

In diesem Buch geht es vor allem um das menschliche Dasein, um den Überlebenswillen, die Dramatik und Tragik, die es bald verborgen, bald klar und unverwechselbar zeichnen. Die Zeugnisse der Menschen der Vergangenheit sollen selbst zu uns sprechen, uns von ihren Schwächen, Ängsten, Krisen, Hoffnungen erzählen. Diese Menschen lebten in einer natürlichen Umwelt, die ganz anders war als die unsrige; die Wirtschaft, die Gesellschaft und das politische Verhalten waren anders als die unsrigen. Die Menschen beeinflußten diese Realitäten und waren von ihnen beeinflußt. Im Grunde genommen waren sie jedoch nicht anders als wir. In diesem Buch kam es uns vor allem darauf an zu verstehen, wie die Menschen von damals sich der Natur, dem Übernatürlichen, dem Leben, der Gewalt, dem Krieg, dem Tod – jenen zeitlosen Realitäten und tragischen Phantasmen gegenüber verhielten, die unsere Geschichte auf unterschiedliche Weise stets begleitet haben.

Diese Seiten sind nicht für Geschichtswissenschaftler bestimmt, es sei denn, um eine zusätzliche Interpretation und Reflexion über Dinge anzubieten, die sie schon wissen. Es ist vielmehr gedacht für alle, die sich mit jener Epoche vertraut machen wollen und die sich Fragen stellen über die Menschen, ihre Bestrebungen, ihre Stärke und ihre Schwächen –

in der Gegenwart und in der Vergangenheit – und eventuell versuchen, das, was untergehen muß, von dem zu trennen, was wert ist zu überdauern.

Wir haben dem Text eine ebenfalls für den Laien bestimmte Bibliographie zu den in diesem Band behandelten Themen beigefügt, die der Vertiefung dienen soll (weitere bibliographische Hinweise finden sich in den angeführten Artikeln und Büchern); auf Quellenangaben haben wir dagegen verzichtet, da Hinweise auf die Quellen in den Text eingefügt sind und diese somit für jemanden, der mit der Materie vertraut ist, leicht auffindbar sind und für alle anderen keine großen Schwierigkeiten aufwerfen.

Zuletzt möchte ich dem Utet-Verlag in Turin danken, der mir gestattet hat, für das vorliegende Buch das Material zu verwenden, das ich für den in diesem Verlag in Vorbereitung befindlichen Band *La Storia. I grandi problemi dal Medioevo all'età contemporanea* gesammelt habe.

Bologna, März 1987 *Vito Fumagalli*

Einführung   *Endzeitgefühl*

Auf dem Höhepunkt der karolingischen Epoche, zur Zeit ihrer stolzen Blüte, als die Kirche nach jahrhundertelanger Anhäufung von Reichtümern wohlhabend und mächtig war, schrieb der gelehrte Mönch Alkuin Verse von tiefer Melancholie. Als ahnte er im Bewußtsein der Hinfälligkeit allen menschlichen Mühens voraus, daß auch das, was Karl der Große und seine Vorgänger vollbracht hatten – die Ordnung, die effektive Verwaltung, der Sieg über die Heiden, die Kultur – in Bälde ins Wanken geraten würde.

»Die Schönheit der Welt geht dahin, alles verändert sich, jedes Ding nach seinem Gesetz. Nichts ist ewig, nichts ist unwandelbar. So verdunkelt die Nacht mit ihrer Finsternis das lebendige Licht des Tages, der Winter kommt eilends und läßt die Schönheit der Blumen erfrieren, der Wind wühlt das ruhige Meer auf. Die Jungen, welche auf der Heide den Hirschen nachjagten, stützen sich nun, da sie alt sind, beim Gehen müde auf den Stock. Warum nur lieben wir Unglücklichen dich, oh Welt, die du uns aus den Händen gleitest? Du wandelst dich mit der Zeit und entfliehst unerbittlich und rasch.«

Die Liebe zum Leben und das Bewußtsein, daß es sich stetig vom Menschen entfernt, bewegte die Gebildeten der damaligen Zeit: Die Natur wandelt ihr Antlitz vom Sommer zum Winter, aus den jungen Männern, die sich bei der Jagd tummeln, werden zittrige Greise, das Meer wird in der schlechten Jahreszeit von Stürmen gepeitscht.

»Die Liebe zu Gott erfülle stets unsere Brust... Er ist unser Ruhm, das Leben, das Heil«, mahnt Alkuin am Ende; doch ist dies nur ein schwacher Trost. In Wirklichkeit brachte das Gefühl des nahen Endes, das Wissen um die Vergänglichkeit aller Dinge auch die frömmsten Geister nicht von der Liebe zum Leben ab, und sie trachteten der alles dahinraffenden Zeit auch ihrerseits wenigstens etwas abzuringen. Leidenschaftlich besingt Alkuin die Wiederkehr der schönen Jahreszeit: »Schon hat sich der Kuckuck hören lassen hoch oben im Geäst der Bäume, die vielfarbige Erde bedeckt sich mit sprießenden Blumen. Der Weinstock öffnet an den Reben die Knospen der Trauben, wie sich unsere Gedanken bewegen mit Leichtigkeit, angespornt vom Gesang der Nachtigall im rötlichen Gesträuch. Die Sonne steigt empor inmitten der Gestirne und besiegt mit ihrem Leuchten das Reich der Finsternis.« Der Wechsel zwischen der schönen und der schlechten Jahreszeit, zwischen Überfluß und Hungersnot, Frieden und Krieg, Gesundheit und Krankheit, Tod und Leben prägte das Dasein der Menschen, die an die Naturgesetze gebunden waren und über keine wirksamen Mittel verfügten, sich ihnen zu widersetzen. Sie waren gleichsam eingetaucht in eine Natur, die auf weiten Gebieten wild, durch menschliche Arbeit noch nicht merklich verändert, sondern im Gegenteil Beherrscherin war, lebenspendende Mutter und todbringende Feindin, deren undurchschaubaren Willen man mittels Beobachtung der Gestirne und der Sonnen- oder Mondfinsternisse, die viele in Angst und Schrecken versetzten, zu erforschen suchte.

Himmelsbeobachtungen mit astronomischen Instrumenten,
Anonyme Buchminiatur, 13. Jh.

Das nahe Weltende,
Apokalypse von Saint-Sever, Mitte des 11. Jh.,
Paris, Bibliothèque Nationale

Wenn der Himmel sich verdunkelt

In der Natur spähten die Kirchenmänner nach Zeichen der göttlichen Strafe aus, die sie in Störungen des normalen Laufs der Jahreszeiten zu erkennen meinten, in unheilvollen klimatischen Erscheinungen wie Kälte, Dürre oder sonderbarem Sandregen, der vom Himmel fiel. Andrea da Bergamo vermag sich nicht vorzustellen, daß der Mangel an Loyalität des Fürsten von Benevent gegenüber dem Kaiser ungestraft bleiben könne, und so hält er die Naturereignisse der Jahre 871 und 872 für Zeichen göttlichen Zorns, Mißfallensbekundung und Züchtigung in einem: »... viel Sonderbares ereignete sich vor den Augen der Menschen. Die Weinlese war kaum eingebracht und der Wein in den Gärbottich gefüllt, da wurde er trüb, was wir auch »umkippen« nennen. Am Ostersonntag sah es aus, als habe es auf Bäume, Sträucher und Gräser Sand herabgeregnet.« Kurze Zeit später habe in Ebenen und Tälern der Rauhreif die Triebe der Reben und das noch zarte Laub der Bäume in den Wäldern erfrieren lassen. Im August sei ein riesiger Heuschreckenschwarm aus dem Orient kommend in die Felder Venetiens und der Lombardei eingefallen und habe die Getreideernte vernichtet: sie schwirrten durch die Luft und gingen in dichten Scharen zur Erde nieder, denn, so kommentiert Andrea, indem er eine Bibelstelle zitiert: »Heuschrecken haben keinen Verstand und fliegen trotzdem in geordneten Schwärmen.«

Angst trieb die Gebildeten dazu, sich anläßlich des Todes bedeutender Persönlichkeiten in düster-pessimistischen Betrachtungen zu ergehen: So seien – laut Andrea da Bergamo – unmittelbar nach dem Tod Kaiser Ludwigs II. (875) äußerst schwere politische Wirren ausgebrochen. Beängstigende Vorboten wie Mond- oder Sonnenfinsternisse kündeten auch das Hinscheiden derer an, denen die Völker und ihr Frieden anvertraut waren. Wie uns wiederum Andrea da Bergamo berichtet, habe es eine entsetzliche Sonnenfinsternis gegeben, kurz bevor Kaiser Ludwig der Fromme starb: Mitten am Tag sei eine solche Dunkelheit hereingebrochen, daß man die Sterne habe sehen können wie in der Nacht. Das Ereignis fällt in Andreas Bericht auf den Himmelfahrtstag: Die Finsternis, die sich just an dem Tag auf die Erde senkte, da sich mit dem Aufstieg Christi in den Himmel sein Sieg über die Weltgesetze jährte, versetzte die Menschen in Angst und Schrecken und ließ sie glauben, das Ende aller Dinge sei nahe. Unverhofft und zaghaft indes erhellte sich die Sonne wieder. Kaum hatten sich die Gemüter beruhigt, als plötzlich mitten in der Nacht ein Licht erstrahlte, so hell, als ob es Tag wäre: Das Nordlicht, ein damals noch ungeklärtes Phänomen, ließ der Angst keine Wahl mehr. Die Gelehrten, die sich über dieses Wunder den Kopf zerbrachen, mahnten die Leute mit den Worten des Evangeliums: »Brüder, haltet euch bereit, es ist eingetroffen, was der Herr im Evangelium gesagt hat: ›Wenn ihr diese Zeichen seht, so wisset, der Tag des Herrn ist nahe, groß und allen offenkundig!‹« Und Andrea beendet seinen Bericht: »Im darauffolgenden Monat Juni beschloß Kaiser Ludwig in Frieden seine Tage und starb. Danach brach Zwietracht zwischen den drei Brüdern aus, Ludwig und Karl auf der einen, Lothar auf der anderen Seite.«

Naturereignisse wie der mit Sand vermischte Regen, der aus Afrika kam und oft von rötlicher Farbe war, erschreckte die einfachen Leute ebenso wie die Gebildeten, die darin das unheimliche Antlitz der Materie erblickten, die von Gott dazu angehalten war, seinen Zorn kundzutun oder den Menschen schweres Ungemach zu prophezeien. Die Wolken, die bei Sonnenuntergang verschiedene Formen und oft flammende Farben annehmen, hielt man bei drohenden Überfällen von Barbaren oder Gefechten zwischen rivalisierenden Herrschern für Projektionen von Kriegs- und Todesbildern. So entdeckte man am Himmel Ritter, Rosse und funkelnde Waffen und hörte sogar den Lärm marschierender Heere. Als die Langobarden im Jahr 568 im Begriff standen, in Italien einzufallen, habe man, so erzählt Paulus Diakonus, schreckliche, flammende Bilder am dunklen Himmel zucken sehen, deren Farben das Blut ankündeten, das dereinst im Krieg vergossen werde. Auch habe man damals bei Tag und Nacht die Klänge der zur Schlacht rufenden Trompeten vernommen, ebenso wie das Geräusch nahender Rosse und gewappneter Männer.

Der Pessimismus der Geistlichen, eine quasi berufsbedingte Einstellung, darf uns allerdings nicht zu der Vorstellung verleiten, die Welt und die Menschen damals seien wirklich so gewesen, wie sie uns die Kirchenmänner in ihren Chroniken in kräftigen Farben geschildert haben. Die Leute führten kein verzweifeltes Dasein in quälender Angst vor dem Schlimmsten: Bauern und Handwerker, Adlige und Könige, alle gingen ihren Pflichten nach, ohne ständige Furcht vor immer neuem Mißgeschick. Es sind die Geistlichen, welche aus den Begebenheiten – die sie uns gewiß nicht objektiv überliefert haben – solche auswählen, die ihnen besonders am Herzen liegen: Ereignisse, die wegen ihrer Schwere und Verderblichkeit die Sündigkeit der Menschen und die Strafe Gottes offenbaren. Aber selbst unter Berücksichtigung einer solchen Selektion und einer gewissen Übertreibung können wir nicht umhin festzustellen, daß sowohl Naturkatastrophen als auch Angstreaktionen der Bevölkerung recht häufig vorkamen. Im übrigen konnte eine Umwelt, die der Mensch nicht zu kontrollieren vermochte, ihm ja nicht sonderlich wohlgesonnen sein. Auch der heidnische Glauben – und hier haben die Geistlichen ihre Hand nicht im Spiel – zeugt in seinen Inhalten von einer ängstlich-unterwürfigen Haltung gegenüber den Naturkräften. Verdunkelte sich der Mond bei einer Mondfinsternis, dann halfen die Bauern ihm, sich wieder zu erholen, indem sie aus vollen Kräften die Trompete bliesen und Schellen schwangen. Sie fürchteten, mit dem Verlöschen des Gestirns, das alles tierische und pflanzliche Leben lenkte, würde auch dieses aufhören. Wie die Geistlichen, so glaubten also auch sie auf ihre Weise an das Weltende, das die Menschen, wie der große Historiker Marc Bloch richtig bemerkt hat, in mehr oder minder großen Zeitabständen terrorisierte, wenn ein besonders schlimmes Ereignis das normale, unterschwellig stets vorhandene Angstgefühl verstärkte. Die Geistlichen lagen, wenn sie die Angst vor dem Weltende auch den anderen zuschrieben, im Kern also nicht falsch, wenn auch für sie, die Schreibenden, das Ende von Gott gewollt war; von einem Gott, der damals allerdings kaum anders war als eine in ihren Äußerungen so doppeldeutige und mysteriöse materielle Gottheit wie der Mond – Symbol einer Natur, die den Menschen ein unsicheres und bedrängtes Leben bot. Der Tod eines frommen Menschen, politischer Zwist, Verrat – mehr brauchte es nicht, um die Leute glauben zu machen, daß Gott sein Volk – welches für diese Dinge meist gar nichts konnte – strafen wolle, indem er ihm Angst vor dem Weltende einflößte. Der launische Fatalismus der antiken Gottheiten war durch den neuen, christlichen Glauben, der sich im übrigen in weiten Kreisen, vornehmlich unter den Bauern, nur mühsam durchsetzte, damals nur oberflächlich angekratzt. Noch Ende des 8. oder Anfang des 9. Jahrhunderts gibt es eine lange Reihe heidnischer Bräuche, darunter auch den, dem Mond zu »helfen«.

Als Atala, der Nachfolger Kolumbans, Abt im Kloster von Bobbio war, steckte einmal einer seiner Mönche am Ufer der Stàffora nahe Tortona einen aus Baumstämmen errichteten heidnischen Tempel in Brand. Die Bauern rotteten sich daraufhin zusammen, schlugen mit Prügeln auf den Klosterbruder ein und warfen ihn in den Fluß. Mit Gottes Hilfe soll er sich gerettet haben, während seine Peiniger fast alle ums Leben gekommen sein sollen, verdammt von der neuen Gottheit, die sie nicht anerkennen wollten. Dies ist nur eine von vielen Episoden aus der ersten Hälfte des 7. Jahrhunderts, die von dem erbitterten Kampf zeugen, den die Geistlichen damals, und in geringerem Maß auch später noch, gegen heidnisches Brauchtum führten. Sie ist zugleich ein Zeugnis dafür, wie dieses Brauchtum der Evangelisierung der ländlichen Gebiete standhielt. Im Laufe des Mittelalters werden die heiligen Bäume einer nach dem andern gefällt, doch für die Bauern blieb der Baum, der für sie vielleicht mehr als jedes andere Element die Kraft der Natur verkörperte, nach wie vor heilig. Man sagt sogar, daß die Menschen des Mittelalters von der Natur gleichsam in Bann geschlagen waren, von einer Natur, die jahrhundertelang auf endlos weiten Flächen ungezähmt war und aus großen Wäldern, Sümpfen und grasbedeckten Heidegebieten bestand.

Das ganze Mittelalter hindurch steht die Natur im Zentrum menschlichen Interesses, mit Fragestellungen und Beobachtungen von einer Intensität, die uns obsessiv erscheinen mag. Wir haben nur unzulängliche Kenntnis von diesem Verhältnis zwischen Mensch und Natur, das sehr eng war und in den unteren Schichten, vor allem auf dem Lande, fast Exklusivitätscharakter annahm. In der Gewißheit, auf Gedeih und Verderb mit der Natur (Tier- und Pflanzenwelt) verbunden und von ihren Gesetzen beherrscht zu sein, leben sowohl die Gebildeten als auch das einfache Volk ihr Leben, ohne den Blick je von der Natur abzuwenden, und geraten in Angst, sobald ungewöhnliche Zeichen (wie Sonnen- und Mondfinsternis, Kometen, Nordlicht oder ähnliches) auf ein Aufbäumen, eine Abweichung, einen Stillstand der geregelten Entwicklung der Dinge hinzudeuten scheinen. Die Furcht, etwas Unwiderrufliches könne geschehen, steigert sich dann leicht zum Wahn: Allenthalben, auf der Erde und am Himmel, werden Signale einer Welt beobachtet, die die Menschen davor warnt, gegen ihre Gesetze zu verstoßen oder (für den Geistlichen) sich gegen Gott und den Nächsten zu versündigen.

Betrachten wir die bislang leider vorwiegend als Repertoire der politischen Geschichte, der Verträge, Kriege, Friedensschlüsse ausgedeuteten erzählenden Dokumente des Frühmittelalters einmal in ihrer Eigenschaft als Spiegel der Beziehungen zwischen Mensch und Natur (was sie eigentlich in erster Linie sind), so erweisen sie sich als getreue und akribische Chroniken des Naturgeschehens zu Lande, zu Wasser und am Himmel.

Vor allem in den ersten Jahrhunderten des Mittelalters wurden Naturereignisse als Zeichen gesehen und erlebt. In den Chroniken des Hoch- und Spätmittelalters, als sich die Aufmerksamkeit des Schreibers in gleichem (oder höherem Maß) auf die rein natürliche Seite der Phänomene und ihre Auswirkungen auf das materielle Leben des Menschen richtete, ist diese Sprache der Natur nicht mehr analog anzutreffen. Allerdings sollten die Himmelsphänomene, wenn auch weniger stark als in der Vergangenheit, die Phantasie der Leute noch lange Zeit gefangennehmen und ihnen zur Mahnung und zum Schrecken gereichen. Im Bereich der Geschichte der Mentalität haben wir noch bei weitem keine hinlänglich realistische Kenntnis über die Entwicklung des Verhältnisses zwischen Mensch und Natur, auch wenn bekannt ist, daß sich vom 12. Jahrhundert an in den gebildeten Schichten ein größerer Rationalismus durchzusetzen begann. In welchem Maß aber wirkte er sich auf die ungebildeten Kreise aus und inwieweit veränderte er das Verhalten der Gebildeten selbst? Weitgehend unbeantwortete Fragen, auch wenn viel über die mittelalterliche Wissenschaft geschrieben worden ist; nicht in gleichem, ja in viel geringerem Maß hat man jedoch die Geisteshaltung jener Epoche erforscht, die sich, was das Verhältnis Mensch/Natur betrifft, im Lauf der Zeit zwar gewandelt, bestimmte Merkmale aber noch lange bewahrt hat, vornehmlich in der bäuerlichen Welt.

Die Natur war großzügig, sie ernährte den durch den Nabel mit ihr verbundenen Menschen, der außerstande war, einschneidende Veränderungen an ihr vorzunehmen; sie war aber auch geheimnisvoll, launisch, rachsüchtig. Geheimnisvoll wegen der unbekannten Dinge, die ihr Schoß umschloß, der oft Ungeheuerliches gebar (auch wenn dieses im Frühmittelalter aus natürlichen Elementen bestand, allenfalls in von der Norm abweichender Zusammensetzung oder in materieller Vergrößerung). Noch geheimnisvoller war die Natur im Grenzbereich dessen, was man für die bewohnte Welt hielt. Nördlich davon, so berichtet uns Paulus Diakonus im ausgehenden 8. Jahrhundert, bildeten tiefe Strudel, weit aufgerissene, Menschen und Dinge verschlingende Schlünde unüberwindliche Grenzen. Sonderbare Geschöpfe wohnten in jenen fernen Gegenden. Je weiter man sich von den vertrauten Orten entfernt, an denen man lebt, desto zahlreicher sind solche geheimnisvollen Wesen anzutreffen. Im äußersten Norden Germaniens, so schreibt Paulus Diakonus, gibt es am Ufer des Meeres eine Felshöhle, in der sieben Menschen in tiefem Schlaf liegen, alte Römer vielleicht oder

Christen, die dereinst von Gott wiedererweckt werden, um in jenem Barbarenland den christlichen Glauben zu predigen. Manch einer hat versucht, einen von ihnen seiner Gewänder zu berauben, doch hat ein Feuer seine Arme erfaßt. Nicht weit von den sieben Schläfern wohnen die Skriptoviner, deren Land von Schnee bedeckt ist und die rohes Fleisch essen. Wendet man sich von jenen Gestaden gen Westen, öffnet sich der Ozean ins Grenzenlose; dort gibt es einen berühmten, sehr tiefen Strudel, genannt der *Nabel des Meeres*. Die Schiffe, die zu ihrem Unglück darüberfahren, wenn der Strudel sich öffnet, was er zweimal am Tage tut, werden von ihm verschlungen und mit der Geschwindigkeit von durch die Luft fliegenden Pfeilen in den Abgrund gerissen. An jenen Gestaden im äußersten Norden hebt und senkt sich das Meer in regelmäßigen Abständen, die Flüsse fließen viele Meilen weit verkehrt herum, wieder den Quellen entgegen, und ihr Wasser wird salzig. Aus diesem fernen Land sollen die Langobarden hergekommen sein, die so mutig geworden seien, weil sie mit eigenen Augen solch ungeheuerliche Landschaften, Tiere und Menschen gesehen hätten.

Angsteinflößende Legenden ziehen sich durch die Berichte der frühmittelalterlichen Chronisten, geboren aus der Beobachtung von Erde und Himmel, der man sich immer dann mit verstärkter Aufmerksamkeit und Ängstlichkeit widmete, wenn der Krieg besonders heftig wütete. So lesen wir von einem langen Wall, der in der Ebene an der Ostgrenze des Karolingerreichs, wo am verbissensten und zähesten gekämpft wurde, in einer einzigen Nacht von selbst aus dem Boden wuchs. Nur im eigenen Land fühlte der Mensch sich sicher, im warmen Schoß der Heimat, wo die Erde ihm eine gute Mutter war und auf ihn wartete, wenn besondere Ereignisse ihn gewaltsam von ihr entfernt hatten, wie es einem Vorfahren von Paulus Diakonus geschehen war.

In den ersten Jahrhunderten des Mittelalters glaubte man, alles, was die Grenzen des Normalen überschritt, sei gewissermaßen von der Natur erzeugt: Es handelte sich um materielle – wenn auch oft unheimliche – Wesen, die der Pflanzen-, Tier- und Menschenwelt angehörten. Erst später – Hand in Hand mit der zunehmenden Entfremdung des

Menschen von der Natur und der Zerstörung vieler ihrer Bestandteile, wie der großen Waldgebiete, die in Ackerland verwandelt wurden – nahmen sie übernatürliche Züge und Inhalte an. Die nach den beharrlichen Kolonisierungsbemühungen übriggebliebenen Wälder wurden für den Menschen nach und nach zu einer fremden, oft angsteinflößenden Welt. Bezeichnend ist, daß seit jener Zeit Geistererscheinungen vor allem im Wald stattfanden. Im Frühmittelalter aber war alles, wenn auch in unterschiedlicher Abstufung, der allenfalls entstellten oder verklärten Natur assimiliert: Das Paradies stellte man sich als Sublimation der vom Menschen bearbeiteten Erde vor, als herrlichen Garten mit Flüssen und Seen, Blumen und Bäumen. Man glaubte, der Mensch könne sich mit Leichtigkeit von der einen Welt in die andere begeben. Vor dem Tod erschien einem auf dem Sterbebett das Paradies; man nahm intensive Gerüche wahr und vernahm berauschende Klänge. Nicht selten kehrten die Toten ins Leben zurück, um von der anderen Welt zu erzählen; Heilige stiegen zur Erde nieder, um zur Gruft eines berühmten Märtyrers zu pilgern oder auf der eigenen Grabstatt für das eigene Seelenheil zu beten. Die natürliche und die »übernatürliche« Welt waren also noch nicht durch jene Grenzlinie voneinander getrennt, die vom Hochmittelalter an immer breiter und starrer werden sollte. Beide waren von der gleichen Materie, wenn auch, was das »Übernatürliche« betrifft, in sublimierter Form.

Sonnen- und Mondfinsternis, auf die Bauern und Kleriker (wenn auch aus teilweise unterschiedlichen Motiven) voller Furcht blickten, hatten jahrhundertelang die Bedeutung bedrohlicher Unterbrechungen des geordneten Laufs der natürlichen Welt und des Universums überhaupt. Fatalistischer Naturalismus kennzeichnete die bäuerliche Welt auch noch nach dem Frühmittelalter und in bestimmten Grenzen bis an die Schwelle unserer Zeit. Selbst viele Gebildete entgingen ihm nicht, auch wenn diese bei der Deutung derartiger Naturphänomene die Lösung oft im göttlichen Willen fanden. Es ist nicht leicht, die beiden Geisteshaltungen – die des Volkes und die der Gelehrten – voneinander zu trennen oder, besser gesagt, ihre Komponenten zu entwirren. Dieser seit undenklicher Zeit im menschlichen Geist verwurzelte und zusammen mit der jahrtausendealten bäuerlichen Zivilisation im Herzen der Menschen gewachsene Aspekt der mittelalterlichen Mentalität – also die Angst vor den Zeichen der natürlichen Welt, des Himmels und der Erde – war der dauerhafteste und zählebigste. Er war nicht für eine bestimmte Epoche, sondern für einen unbegrenzten Zeitraum kennzeichnend. Dennoch widmen die Chroniken des Hochmittelalters solchen Zeichen weit weniger Aufmerksamkeit als den Klimakatastrophen, Pestseuchen und Hungersnöten: Es bahnte sich eine utilitaristische Mentalität »in nuce« an, auch wenn sie einen insgesamt recht begrenzten Personenkreis erfassen sollte. Dies gilt vor allem für die italienischen Stadtchroniken – Ausdruck eines sozialen *Milieus* von reichen Handelsleuten und Handwerkern, der »neuen« Stadt, die sich anschickt, in präpotenter Weise Einfluß auf die ländlichen Gebiete zu nehmen, sie zu verändern, sie ihres »natürlichsten« Aspekts, der unbebauten Zonen, zu entblößen, und sich damit von den engen Bindungen an die natürliche Umwelt, wie sie für das Frühmittelalter kennzeichnend waren, allmählich löst. Es ist kein Zufall, daß die wirtschaftliche, soziale und politische Krise im 14. Jahrhundert (eine Krise der kommunalen und städtischen Kultur) einhergeht mit dem wiedererwachten Interesse der italienischen Chronisten an »Wunderdingen«, die sich in den Köpfen der Menschen zunehmend zu wahnhaften, unheimlichen und, verglichen mit dem Frühmittelalter, übernatürlichen Dimensionen auswuchsen. Nun war es nicht mehr allein die Natur, welche die Vorlagen für die Angstphantasien der Menschen lieferte. »Am 22. August ward in einem Hanffeld im Riole von Meister Francesco Gabbie, dem Barbier, eine Natter gefunden, die so groß war, daß keiner ihr weder mit Steinen noch mit Stöcken zu Leibe rücken mochte; ein gewisser Brocardo Picio aber ging mit einer Arkebuse hin, tötete sie und brachte sie auf die Piazza. Dort ward sie gemessen, und sie war zwei Arm lang, dick wie drei (Nattern), so daß keiner sie mit zwei Händen umfassen konnte; ihr Kopf war wie ein Wackerstein«: so berichtet für das Jahr 1544 die Chronik des Priesters Giorgio Franchi aus Berceto bei Parma. Auch im

Frühmittelalter glaubte man an die Existenz von Ungeheuern, doch riefen sie nicht die surrealen Angstgefühle hervor, wie es später der Fall ist. Die hundsköpfigen Krieger (eine uralte Sage), von denen Paulus Diakonus gegen Ende des 8. Jahrhunderts berichtet, flößen nicht die sonderbare, unbezwingliche Angst ein wie die imaginären Wölfe, riesige, übernatürliche, wilde Tiere, die mit ihren verstümmelten Schwänzen oder anderen unglaublichen Merkmalen die Berichte in den Chroniken vor allem vom 14. Jahrhundert an bevölkern: Man denke nur an Franz von Assisis Wolfsungetüm von Gubbio. Und doch handelt es sich hier um Tiere, während die hundsköpfigen Menschen nicht der natürlichen Welt angehören. Letztere jedoch flößen Angst nur wegen ihrer – allenfalls übersteigerten – Wildheit ein, die sie mit dem Hund gemein haben, während erstere irreale Wölfe sind, Materialisierungen des Bildes, das der Mensch nun von bestimmten Komponenten der Natur, vor allem vom Wald und den darin hausenden Tieren hatte, die für ihn immer fremder und nach und nach ins Umheimliche, wenn nicht ins Übernatürliche entrückt wurden. Im übrigen entfernte sich auch die Vorstellung, die der Mensch sich von der Seele, von den Toten, vom Jenseits machte, immer weiter vom Naturalismus des frühen Mittelalters und spiegelte beunruhigende und beängstigende Überzeugungen klerikaler Prägung wider: Man denke nur an das Entsetzen, das der »Totentanz« einflößte, ein Motiv, das in halb Europa vom Spätmittelalter an noch jahrhundertelang in der künstlerischen Darstellung und den schriftlichen Schilderungen des Todes seinen düsteren Niederschlag fand. Die zunehmende Loslösung von der Natur und ihren Gesetzen führte dazu, daß eins dieser Gesetze, der Tod, unannehmbar wurde, welcher nun (im Gegensatz zu früher) immer mehr als Augenblick des unnatürlichen, furchterregenden, oft unheimlichen Bruchs empfunden wurde: Auf diese Zeit gehen die erschreckenden Darstellungen verwesender Leichen mit unwirklich langen Würmern in den Leibern zurück. Bis zu welchem Grad die verschiedenen Gesellschaftsschichten, die Menschen unterschiedlicher Bildung und an unterschiedlichen geographischen Standorten von diesem Wandel erfaßt wurden, wissen wir nicht. Es ist jedenfalls kaum auszuschließen, daß – wenn auch in unterschiedlicher Weise – so gut wie alle davon betroffen waren.

Geheimnis, Furcht, Angst – und ihr Gegenteil – machen also im Lauf der Zeit einen inhaltlichen Wandel durch; gewisse Grundmuster jedoch bleiben, wenn auch weniger zwingend, weiter bestehen – vor allem in den Schichten, in welche die höhere Bildung am schwierigsten Eingang findet: Dort kommt es allenfalls zu einer Kreuzung zwischen alten Überzeugungen und neuem Glauben, die konfuse und entartete Mischprodukte erzeugt. So zum Beispiel die sich verbreitende Überzeugung, die dem Hexenwesen die Konnotation des Unheimlichen verlieh, indem Bräuche, die einstmals jedweder Art von Übernatürlichkeit weitgehend fernstanden – ja im Gegenteil (wie der Brauch der Benandanti) mit ihren Fruchtbarkeitsritualen stark naturverbunden waren – im klerikalen Wahnbild vom sündigen Zusammenspiel mit dem Dämon absorbiert wurden. Allerdings muß gesagt werden, daß heidnisches Brauchtum, das auf dem Vergießen von Menschenblut beruhte und in den ersten Jahrhunderten des Mittelalters noch vorhanden war, mit der Zeit verschwindet, bekämpft von der Kirche und einer umfassenderen Kultur, die den Menschen über die Naturwelt und über bestimmte, erschreckende Gesetze, von der man diese beherrscht glaubte, hinaushob. Auf dieser Entwicklungslinie, in deren Verlauf sich der Mensch langsam und stetig gegen die Natur durchsetzt, oft indem er über die Naturgesetze und damit vielfach auch über die menschlichen Gesetze obsiegt, bewegen sich die bewußten und unbewußten Wandlungen der Mentalität. Diese wird oft gerade aus solchen Anmerkungen in den Quellen (vor allem den erzählenden) deutlich, die von vielen noch als »unwichtige Einzelheiten« betrachtet werden, da sie häufig Anschauungen widerspiegeln, die uns zu fern stehen und nicht selten legendären, märchenhaften Charakter haben oder der Anekdotik zugerechnet werden (wie die Geschichte von der Heimkehr des Urgroßvaters von Paulus Diakonus, auf die wir noch zurückkommen werden), die im Vergleich mit den großen Themen der Völkerwanderung, der Kriege, der Erbfolge von Königen, Kaisern und

Päpsten, der Wirtschafts- und Sozialstrukturen unser Interesse vermeintlich nicht verdient.

Ohne die Geschichte der Wirtschafts- und Sozialstrukturen und der Institutionen sowie natürlich der Kultur ist es sinnlos, Geschichte der Mentalität zu betreiben (die quasi auf Folklore reduziert würde); aber die kleinen, vom Materiellen zum Imaginären reichenden Anmerkungen zur Geisteshaltung des mittelalterlichen Menschen (denen man weit mehr als diese Seiten widmen müßte, um ihrer Spannbreite und ihrem Gewicht wenigstens annähernd gerecht zu werden), lassen vor dem Gitter jener ersten die ewige Conditio humana hervortreten und geben ihr Leben, Bewegung und Eigenart.

Fuldaer Sakramentar,
Die Monate (Kalenderblatt), letztes Drittel des 10. Jh.

Natur und Mensch

Nicht fern vom Lager ruht, in tiefem Grunde
von Höhn umringt, ein alter Hain versteckt,
der, hoher Bäume voll, weit in die Runde
die grauenhaften, gift'gen Schatten streckt.
...
Kein Wandrer naht, er sei denn fehlgegangen;
weit zieht er um und zeigt dahin mit Bangen.

TASSO, *Das befreite Jerusalem*, XIII

Mit der Landschaft zu beginnen, wenn man menschliches Verhalten in einer seiner konsistentesten Materialisationen erfassen möchte, mag als überholt erscheinen, sofern man Konzeptionen wie die der Kulturgeschichte (oder Siedlungsgeschichte) wieder auffrischen will, die hauptsächlich um die Jahrhundertwende im Schwange waren. Diese Konzeptionen haben ethnische Kulturen allzu rigide anhand besonderer Organisationsformen des Bodens unterschieden, wobei soziale Varianten des Themas sowie die oft radikalen Veränderungen aus ökonomisch-demographischen Gründen (wenn nicht gar aufgrund der Verschmelzung verschiedener Kulturen in ein und demselben Gebiet) weitgehend außer acht gelassen wurden. Wir glauben nicht, daß Streusiedlung oder Haufensiedlung, offene oder geschlossene Felder oder andere, in der ländlichen Physiognomie für immobil erachtete Siedlungsformen je wirklich immobil gewesen sind. Allenfalls stellten sie gängige, nicht dauerhafte Modelle der Bodenordnung dar; und die größte Leistung der Kulturgeschichte besteht vielleicht vor allem darin, die Kasuistik der Formen, mehr noch, *eine* Kasuistik aufgezeigt zu haben.

Andere Erscheinungen sind es, die langfristig, viele Jahrhunderte hindurch, die Landschaft geprägt und in ihr auf markante Weise eine Mentalität widergespiegelt haben: Das

Vorhandensein weiter, unbebauter Flächen im frühmittelalterlichen Westeuropa ist bezeichnend für eine an die natürliche Umwelt gebundene Wirtschaft, für den Willen, sie nicht entscheidend zu verändern, und auch für die Furcht, sich gegen die Ordnung der Naturrealitäten zu stellen. Bis zum 11. Jahrhundert sind weite ländliche Gebiete vorwiegend von dieser Wildheit geprägt, die den Menschen der damaligen Zeit entgegenkam, bevor sich dann das Gewicht auf die Agrarisierung des Bodens verlagerte, die indes noch sehr lange Zeit ohne radikale, zerstörende Eingriffe in die ursprüngliche Landschaft vonstatten ging. Auf einer gesellschaftlich breiten Basis der Verbundenheit mit dieser Umwelt und ihren Ressourcen bieten sich verschiedene Möglichkeiten, in ihr zu leben und sie zu nutzen. Die tendenziell zwar von allen praktizierte Jagd wurde vornehmlich von den Adligen ausgeübt, die sich das Eigentum und die Nutzung der Wälder (mit dem Ziel der Ausschließlichkeit) zu sichern vermochten, indem sie den Einfluß der gewöhnlichen Freien im politischen und gesellschaftlichen Leben mit der Zeit beschnitten. Nichtsdestoweniger wurde im gesamten Frühmittelalter die Jagd auf Großwild von Nichtadligen ausgeübt, auch in Waldgebieten, die in die Hände der oberen Schichten übergegangen waren, welche den Nießbrauch daran jedoch auch anderen gestatteten. Bereits im 12. Jahrhundert jedoch nahm der Adel zumindest in weiten Gebieten Europas, vor allem dort, wo sich das unbebaute Land infolge der fortschreitenden Kolonisierung stark verringert hatte, scharfe Kontrollen vor und wachte eifersüchtig über sein Jagdrecht für Großwild. Wiewohl wir über diese Entwicklung und ihre konkreten, von Gegend zu Gegend unterschiedlichen Bedingungen wenig wissen, deutet doch vieles darauf hin, daß die Jagd entscheidender die Lebensweise der Adelsschicht nördlich der Alpen geprägt hat – die hier im übrigen zahlenmäßig stärker und auch einflußreicher war als in Italien, wo die Städte und die städtischen Gesellschaftsschichten das ganze Mittelalter hindurch die Macht des Adels schmälerten, seinem Verhalten die Durchschlagskraft nahmen, indem sie es durch äußere Einflüsse entschärften, und seine Präsenz wie sein Prestige begrenzt hielten.

Die als Motto vorangestellten Verse von Tasso, die den Wald als Ort der Hexenversammlungen beschreiben, dessen Wildheit der Autor bewußt übertreibt, sind eine der vielen literarischen Darstellungen der großen, einsamen Waldgebiete, von denen der Mensch sich fernhält und die fast ausschließlich für die Jagd genutzt werden. In diesem unzugänglichen, auch am Tage finsteren Urwald hausten die wilden Tiere. Ganz anders waren hingegen die lichteren, von Wegen und Pfaden durchzogenen Wälder, die von Scharen zahmer Tiere, von Hirten, Holzfällern und Bauern bevölkert waren, welche dort den Honig wilder Bienen in den hohlen Bäumen und die Früchte des Bodens und der Sträucher sammelten. Eine Naturlandschaft auch dies, aber von Menschen frequentiert und verändert, wiewohl sich auch dort gefährliche wilde Tiere aufhalten konnten. An bestimmten Stellen blieb der Wald unberührt, da besondere Gründe von verändernden Eingriffen abhielten: sumpfige Gewässer, Bäume, die keine verwertbaren Früchte lieferten, steile Berghänge, große Entfernung zu den Ortschaften. Hier stieß der Wald des Menschen an den Urwald, und letzterer begann das Gelände mit dichter Vegetation zu überwuchern und verwehrte Mensch und Tier den Zugang. Gegen Ende des 14. Jahrhunderts schreibt das Gesetzbuch von Mirandola in der Tiefebene um Modena den Jägern vor, Fangeisen und Schlingen nur in dem Teil des Waldes aufzustellen und auszulegen, in den kein Weidevieh gelangte und wo nur wilde Tiere lebten. Schweine, Schafe und Ziegen überschritten eine bestimmte Grenze nicht, jenseits derer sie Gefahr witterten. Das Hindernis, das ihnen Einhalt gebot, war das Fehlen von Wegen und Pfaden. In solchen Wäldern war sogar die Jagd eine beschwerliche Angelegenheit, weil Hunde und Pferde sich nicht frei bewegen konnten und der Mensch sich erst einen Weg bahnen mußte, indem er Buschwerk und hohes Gras beseitigte. Hatte der Wald ausgeprägten Naturcharakter, beträchtliche Ausdehnung und war er weit von bewohnten Gegenden entfernt, dann blickten die Menschen voll Mißtrauen auf diese »Einöde«, wie sie zu sagen pflegten. Nur mutige Eremiten, Diebe, Räuber und abgehärtete Jäger wagten sich dorthin; die anderen hielten sich von ihr fern, schon aus

Angst, von Räubergesindel überfallen zu werden. Solche Wälder gab es reichlich in der Poebene, vor allem entlang des Po und seiner größeren Nebenflüsse. Zum Meer hin nahmen sie an Ausdehnung zu und gingen oft in weite, schilfbedeckte Wasserflächen über.

Doch die riesigen Urwälder, in die kaum ein Mensch je einen Fuß gesetzt hatte, die endlosen Heidegebiete mit trokkenen Böden beherrschten vor allem die Gebiete nördlich der Alpen und nahmen in Mittelosteuropa ganz besondere Konnotate und Dimensionen an. Hier erstreckte sich das grenzenlose »Ödland«, wo die von Osten kommenden Völkerscharen aufeinanderstießen und sich vorübergehend niederließen. Von dort aus unternahmen sie ihre Vorstöße in die Gebiete des Westens und des Südens. Erst das Vordringen germanischer Stämme zu Beginn des 10. Jahrhunderts in Richtung Osten und die friedliche Ansiedlung nun schon fast zivilisierter »Barbaren« in diesen Landstrichen gab ihnen ein weniger wildes Gepräge.

Der andere Waldtyp, in den der Mensch sich gewohnheitsmäßig begab, war allenthalben verbreitet. In den ersten Jahrhunderten des Mittelalters griffen Wälder, Sumpf- und Heidegebiete – eine Phase fortsetzend, die schon seit längerem im Gang war – selbst auf solche Gebiete über, die früher dicht besiedelt und intensiv bewirtschaftet worden waren. Sie breiteten sich bis in die niedrigeren Appenin- und Alpentäler aus, auf den Hügeln und Ebenen in der Nähe der Städte und drangen sogar bis ins zerfallende Gemäuer derselben vor. Auf diese Weise wirkte die ganze Landschaft ländlich-bäuerlich, wiewohl die unbewirtschafteten Flächen die bestellten Felder überwogen und Dörfer und Städte gleichsam verschlungen hatten. Allenthalben traf man auf Überreste von Dörfern und Städten, die von dichter Vegetation überwuchert waren, bevor die Mönche sie auszuschlachten begannen, um ihre Kirchen und Klöster zu errichten, wie zum Beispiel Kolumban in Frankreich und Italien. Als er nach Italien kam, hörte er von einer halbverfallenen Kirche zu Bobbio im Trebbia-Tal, in den »abgelegenen Landstrichen des Appenin«, und beschloß, sie neu zu errichten. So entstand hier eines der bedeutendsten Klöster Europas. Auch in dieses gewiß nicht hochgebirgsartige Gebiet war der Wald vorgedrungen, hatte die Bewohner vertrieben und die einstmals bewohnte Gegend in »Einöde« verwandelt.

Zu Beginn des 7. Jahrhunderts war der Urwald also fast überall verbreitet und nahm nur ganz allmählich die Züge des vom Menschen frequentierten und durch seinen Eingriff umgeformten Waldes an. Freilich überwog zu jener Zeit noch bei weitem der erste Waldtyp, nämlich der Urwald, von dem sich die Menschen und ihr Vieh und weniger verwegene Jäger fernhielten. Die ganze Reise Kolumbans von Irland über Frankreich und schließlich nach Italien führt durch menschenleere Landschaften mit verstreuten Ruinen, waldigen Bergen und Ebenen, wo wilde Tiere leben, wie zum Beispiel das Wolfsrudel, das plötzlich auf ihn zukam, als er die Einsamkeit der Bourgogne durchwanderte. Ein Wolf soll laut Paulus Diakonus auch dessen Urgroßvater, der aus der Gefangenschaft der Awaren geflohen war, durch die Alpenwälder bis in seine Heimat Friaul geführt haben. Sidonius Apollinaris, Bischof von Clermont-Ferrand, der historischen Hauptstadt der Auvergne, schrieb schon im 5. Jahrhundert von Diözesen und Pfarreien, in denen kein Geistlicher sich der Seelen annahm: »Überall sieht man Kirchen mit durchlöchertem, einstürzendem Dach und zerbrochenen Türen, die aus den Angeln gerissen sind; Dornengestrüpp versperrt den Eingang, im Innern der Kirchen weiden Viehherden, die im Kirchenschiff und bei den Altären herumlaufen, um welche Gras wächst. Allerorten herrscht Verwahrlosung, auf dem Land wie in den Städten, wo Gottesdienste immer seltener werden.« Die Geistlichen als gebildete Männer empfanden diese Trostlosigkeit stärker als andere, wußten sie doch, daß es nicht immer so gewesen war. Aus ihrem Pessimismus wurde immer wieder Angst, beim ersten Zeichen, das die Natur gab – eine Sonnenfinsternis, eine Hungersnot oder ähnliches. »Am 1. Oktober war die Sonne so verfinstert, daß nicht einmal der vierte Teil derselben seinen Glanz behielt ... Ferner wurde auch ein Stern, den man Komet nennt, in dieser Gegend das ganze Jahr hindurch gesehen, mit einem Schweif gleich einem Schwert, und man sah den Himmel brennen, und viele andere Zeichen wurden beobachtet«, schrieb Gregor, Bischof von Tours, der im 6. Jahrhundert gelebt hat.

Das 6. Jahrhundert war für die Menschen gewiß eine schwere Zeit, in Italien mehr als anderswo. Hier hatte sich jahrzehntelang der Krieg zwischen Goten und Byzantinern hingezogen und das Land verwüstet wie wohl nie zuvor; dann brach kurz vor der Invasion der Langobarden die Pest aus, die aus dem Orient eingeschleppt worden war und auf weite Teile des südlichen Mitteleuropa übergriff. Die Seuche trat mit ungewöhnlicher Heftigkeit auf und erreichte ein Ausmaß, das – um im Mittelalter zu bleiben – nur mit dem der Schwarzen Pest von 1348 vergleichbar war. Kurz bevor die Epidemie die französische Stadt Clermont-Ferrand erreichte, soll dem zeitgenössischen Bericht Gregors von Tours zufolge ein ungewöhnliches Ereignis, ein warnendes Vorzeichen die dem Gottesdienst in der Kathedrale beiwohnenden Menschen erschreckt haben. Eine Lerche kam blitzschnell in die Kirche geflogen, streifte bei ihrem schnellen Flug alle Kerzen und löschte sie. Und alsbald brach in dieser Gegend die Seuche so heftig aus, daß sie eine ungeheure Zahl von Opfern dahinraffte. Es begann an Särgen zu fehlen, und die Toten mußten in Massengräbern bestattet werden. Die Erkrankten waren in den Weichen und unter den Achseln mit Geschwulsten wie von Schlangenbissen bedeckt und starben nach wenigen Tagen unter grauenhaften Qualen. Viele verloren vor Schmerz und Angst die Besinnung. Die Erinnerung an dieses schreckliche Erlebnis wurde lange weitergegeben, und noch gegen Ende des 8. Jahrhunderts vermag uns Paulus Diakonus, der Geschichtsschreiber der Langobarden, eine eingehende Schilderung davon zu liefern. Stadt und Land seien von der Krankheit, die besonders im westlichen Norditalien gewütet habe, fast völlig entvölkert worden. Die dunklen Flecken, erste Anzeichen der Ansteckung mit der Beulenpest, die zusammen mit dem Anschwellen der Lymphdrüsen und anderer Körperteile auftraten, flößten den Leuten Angst und Schrecken ein, und man glaubte sie überall zu sehen: an Häusermauern, an der Kleidung, an den Türen. Wie immer in der damaligen Zeit, reagierte der Mensch auf das Unglück fast ausschließlich mit Angst und überließ sich unter sonderbaren Phantasien dem Tod. So glaubte er im Fieberwahn Trompetenklänge, die zur Schlacht riefen, und das lärmende Getümmel von Rossen und gewappneten Kriegern zu vernehmen. Kein Vorübergehender war auf den verwaisten Straßen zu sehen; nur lange Reihen von Leichen, während die wilden Tiere in die zu Elendsquartieren verkommenen Städte einzogen. Auf den Weiden der Ebenen hörte man nicht mehr die Pfiffe der Hirten; auf den bestellten Feldern mähte keiner das Korn, niemand erntete die schimmernden Trauben, die vergeblich auf einen warteten, der sie pflückte. Die Welt schien zum großen Schweigen ihrer Anfänge zurückgekehrt, da weder Mensch noch Tier sie bevölkerten. Natürlich ist in diesem Bericht, der den Einzelfall verallgemeinert, eine gewisse Übertreibung zu berücksichtigen; sicher ist aber, daß die Pest in Italien der durch den langen griechisch-gotischen Krieg schon schwer geprüften Bevölkerung den Rest geben mußte. Alboin, der Anführer der Langobarden, dürfte bei seiner Eroberung der Appeninhalbinsel leichtes Spiel gehabt haben: Paulus Diakonus räumt ein, daß die Bevölkerung, durch die Pest und eine schreckliche Hungersnot reduziert, dem Eindringling keinen nennenswerten Widerstand entgegenzusetzen vermochte.

Die Pest grassierte nicht nur einmal, sondern suchte, wenn auch mit geringerer Heftigkeit, mehr als ein Jahrhundert lang bald dieses, bald jenes Gebiet Italiens heim. Gegen Ende des 7. Jahrhunderts, so schreibt wiederum Paulus Diakonus, verdunkelte kurz nach einer Mondfinsternis eine Sonnenfinsternis den Himmel, und bald darauf, im Sommer, soll die Pest erneut drei Monate lang gewütet und die Menschen getötet haben. Von Pavia bis Rom mähte die Seuche unbarmherzig ihre Opfer nieder. Die Einwohner Pavias, der Hauptstadt des Langobardenreichs, hatten die Stadt verlassen und sich in die Berge geflüchtet: Auf den menschenleeren Straßen und Plätzen sproß Gras, Büsche wuchsen in die Höhe und verwandelten die Stadt in den traurigen Schatten ihres einstigen Selbst. Alle waren überzeugt, die beiden berühmten Engel, der Engel des Guten und der des Bösen, würden des Nachts durch die verwaisten Straßen wandeln und die wenigen Zurückgebliebenen erschrecken. In solcher Angst und Bedrängnis glaubte man zu hören, wie der Engel des Bösen mit seinem Spieß an die Türen pochte. Man zählte die Schläge, denn jedem Schlag entsprach ein Toter. So oft der Engel des Bösen auf Geheiß des Engels des Guten an die Haustür schlug, so viele Menschen mußten in diesem Haus sterben, sobald der Tag anbrach. Die Menschen flehten zu Gott, er möge der Seuche ein Ende setzen, doch Gott gab ihnen – vermutlich durch einen Geistlichen – zur Antwort, die Pest würde erst ein Ende nehmen, wenn in der Kirche San Pietro in Vincoli ein Altar zu Ehren des Märtyrers Sebastian errichtet worden sei. Man ließ also die Reliquien des Heiligen aus Rom herbeischaffen, baute den Altar und alsbald habe, laut Paulus Diakonus, die Pest aufgehört.

Wenig Zeit war nach dieser tragischen Wiederkehr der Pest vergangen, als menschliche Grausamkeit und das Unheimlich-Übernatürliche, vielleicht auch die schmerzliche Erinnerung an die Seuche in einer zu jener Zeit üblichen Weise zusammenwirkten und es zu einer Begebenheit kam, von der uns wiederum Paulus Diakonus berichtet. Er führt uns in eine finstere Welt mißtrauischer und gewalttätiger Könige und Höflinge voller Angst vor dem Jenseits. König Cunincpert hatte beschlossen, mit Hilfe seines Knappen zwei Männer namens Aldo und Grauso zu ermorden, die gegen ihn intrigiert hatten. Als König und Knappe in einem Raum des Königspalastes in Pavia über den Plan sprachen, wurden sie von einer dicken Schmeißfliege abgelenkt, die sich auf ein Fenster gesetzt hatte. Cunincpert traf sie mit dem Messer, doch es gelang ihm nur, ihr ein Bein abzuschneiden, dann flog sie davon. Aldo und Grauso, die von dem Plan des Königs nichts ahnten, näherten sich unterdessen dem Palast, als plötzlich ein Hinkender, dem ein Fuß fehlte, auf sie zutrat und ihnen Cunincperts Absichten enthüllte. Sie verbargen sich in einer Kirche, um sich zu retten. Als der König dies erfuhr, glaubte er, sein Knappe habe ihn verraten. Angesichts der Tatsache aber, daß dieser sich offenbar nicht vom Palast entfernt hatte, ließ er die beiden, die sich im Gotteshaus eingeschlossen hatten, fragen, warum sie das getan hätten. Sie erwiderten, sie seien über die Absicht des Königs unterrichtet worden. Cunincpert sicherte ihnen zu, er würde ihnen vergeben, und wollte wissen, wer ihnen von seinen Plänen erzählt habe. Da berichteten ihm die beiden von dem Mann mit dem Holzbein, der sie vor dem Hinterhalt gewarnt habe. Nun war dem König klar, daß die Fliege, der er ein Bein abgeschlagen hatte, ein Geschöpf des Teufels sein mußte, und entsetzt über diesen Vorfall verzieh er seinen Feinden. Darüber hinaus muß wohl auch der Schatten seines Gegenkönigs Alahis auf ihm gelastet haben, den er durch seine Leute ermorden und grausam hatte zerstückeln lassen. Sie hatten Alahis, nachdem er in der Schlacht besiegt und getötet worden war, den Kopf abgeschlagen, die Knie zerschmettert und den Rest seiner Leiche in eine formlose Masse verwandelt. An der Stelle, wo er Alahis endgültig besiegt hatte, ließ Cunincpert ein Kloster errichten, vielleicht als Sühne, gewiß aber auch aus Dankbarkeit, denn er hatte den Sieg, wie Paulus Diakonus uns erläutert, »mit Gottes Hilfe« errungen.

Die Gestalten der Mächtigen, so wie sie von zeitgenössischen Schriftstellern überliefert wurden, sind umwittert von einer Mischung aus Grausamkeit, brutaler Demonstration physischer Kraft, plötzlichen Anfällen von Angst und Gewissensqual und Phantasien von absonderlichen und unheimlichen Geschehnissen. Und was wissen wir über das einfache Volk? Die Rohheit der Umgangsformen war das Merkmal, von dem jedermann stark geprägt war; im übrigen war angesichts einer fast allerorten wieder in ihren ursprünglichen Zustand zurückgefallenen natürlichen Umwelt im Verhalten der Menschen kein Platz für verfeinerte Sitten. Die Gesetze des Langobardenkönigs Rothari (Mitte des 7. Jahrhunderts) mußten sich mit den wilden Raufereien befassen, die unter den Hirten in den großen Waldgebieten ausbrachen: Es war ein Leichtes, mit den Viehherden auf fremden Grund und Boden vorzudringen, und was sich dann zwischen den ihre Schafe oder Schweine hütenden Männern abspielte, kann man sich vorstellen. Der Sinn des Privateigentums war diesen Leuten nicht unbedingt klar, vor allem, wenn es sich um unbebautes Land handelte, das die Natur zur freien Nutzung der Allgemeinheit bereitzustellen schien. Die Grenzen waren an Bäumen markiert oder durch große Steine bezeichnet, die in den Boden gesteckt wurden oder seit langem zufällig dalagen. Es war leicht, aber auch gefährlich, solche Markierungen von einem Baum auf den anderen zu verlegen oder gar die natürliche Grenzbezeichnung zu beseitigen, indem man den Baum fällte oder den Stein ausgrub. War der Übeltäter ein Sklave, so drohte ihm die Todesstrafe.

Das bestellte Land muß bis Ende des 7. Jahrhunderts, verglichen mit dem unbebauten Raum, von recht bescheidenem Ausmaß gewesen sein, selbst in der Umgebung der Dörfer und in stadtnahen Gebieten, die überwiegend erst mit Beginn des 9. Jahrhunderts kolonisiert werden sollten. Auch in dieser zweiten Phase war die Situation jedoch recht unterschiedlich: Man denke nur an die Stadt Modena, die noch jahrhundertelang von Sümpfen umgeben war; an die Tiefebenen, die tiefer Gewässer wegen unzugänglich und schwer zu erschließen waren, oder an die Hochebenen, die zu trocken und unfruchtbar waren, als daß man darauf mehr als kärgliche Weidewirtschaft versuchen konnte; an die höchsten Bergrücken, die bis in späte Epochen hinein in ihrem rauhen Kleid aus Wald und Buschwerk verharrten.

Zu Beginn des Mittelalters war die wilde Vegetation, Bäume, Gestrüpp und hohes Gras, allgegenwärtig. Sie umschloß die Ortschaften, drang in sie ein und überwucherte die Ruinen von Städten und Dörfern, in denen längere Zeit keine Menschen mehr weilten. Wo einige Jahrhunderte vorher noch Städte standen, erstreckten sich im Frühmittelalter ausgedehnte Wälder oder weite Sümpfe. Wer den Wald durchstreifte, dem konnte es widerfahren, daß er unvermutet die eingefallenen und stummen Häuser einer verlassenen Stadt vor sich sah, die nun wilden Tieren als Unterschlupf dienten. Kolumban und seine Gefährten stoßen bei ihrer langen Wanderung immer wieder auf solche Ruinen, zwischen denen sie ihre Klöster errichten und so das lange Zeit tote Gemäuer zu neuem Leben erwecken. Allerdings war diese Neubelebung, was die Dimensionen der Klostergründungen des 6. und 7. Jahrhunderts betraf, weit von dem entfernt, was einst die antiken Siedlungen gewesen waren, deren Ruinen die Mönche ausschlachteten, um ihre Gotteshäuser und

Wohngebäude zu errichten. Die neuen Zentren, die sie auf diese Weise schufen, lebten vorwiegend von Wald-Weide-Wirtschaft; Sumpf und Urwald umschlangen noch die zaghaften Ansätze einer Kolonisation.

Die Menschen des 6. und 7. Jahrhunderts lebten also in einer halb-primitiven Umwelt, in der es der zahlenmäßig sehr geringen Bevölkerung an Ressourcen jedoch nicht mangelte: Jagd, Fischerei, Weideviehhaltung, wilde Früchte stellten zusammen mit der erst allmählich vordringenden Agrarwirtschaft ein ansehnliches Mittel zum Lebensunterhalt dar. Praktisch jedoch war der Mensch seiner Umwelt ausgeliefert, von den Launen der Witterung abhängig, die überreiches Pflanzenwachstum hervorrufen, es durch Frost oder Dürre aber auch mit einem Schlag verheeren konnte. Ohne ausreichende Vorratshaltung, wie sie erst die ihren Namen eher verdienende Agrarwirtschaft des 9. Jahrhunderts zu sichern vermochte, kam es, wenn die an die unbearbeiteten Flächen gebundene Wirtschaft durch natürliche Ursachen geschädigt war und für die Ernährung der Menschen nicht ausreichte, zu Hungersnöten und zum Ausbruch von Epidemien, die durch die Unterernährung gewiß noch begünstigt wurden. Zum naturbedingten Ungemach kamen noch die Drangsal der Kriege und die endemischen Wirren in der durch handgreifliche Auseinandersetzungen, Raub und Mord erschütterten Gesellschaft; und die Ängste, die der Mensch empfinden mußte, wenn diese Erscheinungen sich häuften. Wiewohl wir diese Fakten auch nicht annähernd bemessen können, muß ihre ständige und häufige Wiederkehr in den schriftlichen Zeugnissen der Schreibenden jener Zeit doch der Realität entsprechen. Ja, der Lakonismus der Berichte deutet auf nichts anderes hin, als daß man derartige Zustände gewohnheitsmäßig hinnahm und nur schwerere Fälle eigens erwähnte, ohne die Betroffenheit und peinliche Genauigkeit, zu denen die gleichen Vorkommnisse die an eine solche Härte des Lebens nicht gewohnten Chronisten späterer Jahrhunderte veranlaßt hätten. Krieg, Hungersnot, Seuche sind das makabre Terzett, das im gesamten herangezogenen Quellenmaterial so häufig angetroffen wird, daß es uns als normales Interpretationsschema des menschlichen

Daseins erscheint: Zuweilen war dieses Schema wohl kaum mehr als eine obligatorische Bemerkung, die Erwähnung von Vorfällen, die nennenswert, wenn auch nicht so bedeutend wie andere waren. Oft handelte es sich jedoch um Phasen regelrechter Panik, wie die uns vom Chronisten überlieferten surrealen Phantasien und die Ängste erkennen lassen, die den zwar leidgeprüften, aber doch immer noch leidensfähigen und von Furcht erfüllten Menschen umtrieben.

»In jenem Jahr wütete, wie schon dreißig Jahre zuvor, erneut eine Pestepidemie in Ravenna, Grado und Istrien. Agilulf schloß Frieden mit den Awaren. Childebert hingegen erklärte seinem Vetter, einem Sohn des Chilperich, den Krieg; es kam zum Kampf, und dreißigtausend Mann fielen in der Schlacht. Zudem war in jenem Jahr der Winter sehr streng: Man konnte sich an keinen ähnlichen erinnern. Und siehe da, in der Gegend um Brioni begann Blut von den Wolken herabzufallen, welches dann in den Flüssen über die Erde floß.«

Diese Worte stellt Paulus Diakonus der Mitteilung voraus, daß zu jener Zeit Papst Gregor der Große seine *Dialoge* geschrieben habe. In diesem Werk, das so ganz anders ist als die übrigen Bücher des berühmten Papstes, versucht er, die Beständigkeit des Glaubens darzustellen, des Willens, in harten Zeiten zu leben und zu überleben. In dem Milieu, in dem sich seine Gestalten so zahlreich bewegen, fallen vor allem die allgemein armseligen Lebensumstände auf, das äußerst harte und rauhe Leben der Bauern und Kirchenmänner, das sich kaum voneinander unterscheidet; die Sehnsucht nach etwas, das den Menschen in der Welt versagt schien, aufgespürt in Träumen und Visionen und in den Taten herausragender Persönlichkeiten, von denen man sich das erhoffte, was in der Realität des Lebens nicht vorkam. Die »Lebensszenen«, die Gregor uns in seinen *Dialogen* schildert, sind um so glaubwürdiger, als sein Interesse nicht den armseligen Umständen selbst gilt, sondern den Wundern, die auf irgendeine Weise eintraten, um diese auszugleichen. So sehen wir förmlich den Rauch von den böswillig in Brand gesteckten Garben aufsteigen, die Probo, der Bischof von Rieti, eben gemäht hat. Ihm bleibt nichts, wovon er das ganze Jahr über leben soll, und Gott muß ihm irgendwie helfen. Ähnlich ergeht es dem Priester Santolo, der in Umbrien eine Kirche bauen läßt und kein Brot hat, um den Hunger der Maurer zu stillen. Ein anderer, ein Einsiedler, der in den Wäldern von Sannio lebte, besaß nichts als ein paar Bienenstöcke. Der Mönch Isaak (»in den ersten Zeiten der Goten«) lebte in Armut in den Bergen bei Spoleto. Bald hatte er Anhänger gewonnen, die ihn baten, schmeichelhafte Geschenke anzunehmen, doch Isaak wollte, daß er und seine Mitbrüder arm blieben, und so sehen wir sie gebeugt den Boden umgraben.

Vor dem düsteren Hintergrund von Kriegen, Palastfehden und Gewalttätigkeiten aller Art tummelt sich die breite Masse der Menschen und verrichtet ihre Arbeit. Da galt es Gräben auszuheben, um Überschwemmungen von den bestellten Feldern und den Dörfern fernzuhalten; Häuser zu bauen, Äcker anzulegen, große Waldgebiete für das Weidevieh zu erschließen, indem man die unerläßlichen Pfade schlug und große Steine als Grenzbezeichnung setzte; zum selben Zweck brannte man auch Buchstaben des Alphabets in uralte Bäume ein, in deren Schutz auf Hügeln und Ebenen Schweine- und Schafherden weideten. Der wieder zur Wildnis gewordenen Natur setzt der Mensch seine steten Bemühungen und unermüdliche Tatkraft entgegen, mit einer Vielfalt von Initiativen, die den langsamen Neubeginn des Mittelalters nach dem Verfall der antiken Welt ankünden. Die heidnischen Götterbilder in den Wäldern wohnten stumm dieser Geburt einer neuen Wirklichkeit bei, der sie dereinst ebenso zum Opfer fallen sollten wie die zahllosen Bäume, die sie umstanden. Die Dokumente berichten uns direkt oder indirekt darüber, auch wenn ihre Aufmerksamkeit mehr dem Leben der Mönche und Kleriker gilt, die zu schreiben verstanden und uns in erster Linie ihre eigenen Taten überliefert haben. Im übrigen müssen sich im 6., 7. und 8. Jahrhundert Bauern, Priester und Mönche zum Verwechseln ähnlich gewesen sein. Reiche und mächtige Kirchengemeinden und Geistliche in prunkvollen Gewändern auf stattlichen, reich geschmückten Rossen waren damals noch die Ausnahme. Wenn Kolumban sich Handschuhe überzog, um besser mit Axt oder Spaten hantieren zu können, wurde er zum Holzfäller oder Bauern; desgleichen seine Mitbrüder, die in Bobbio die Felder umgruben und für die Aussaat vorbereiteten, Bäume fällten, Weinberge einzäunten oder ihre Maultiere versorgten. Die Ordensregel jener Zeit schreibt ausreichende Ernährung vor, um die Arbeitsfähigkeit zu erhalten; auch Wein war in bescheidenen Mengen durchaus nicht verpönt: Man hatte keine Zeit für die strengen Kasteiungen der untätigen Mönche des Ostens oder der Einsiedler, die noch immer einsam in den Wäldern und Höhlen Westeuropas lebten und auf die die Mönche, die unter Mühen das Land ihrer Klostergemeinschaft bestellten, mit Bewunderung, aber auch mit einem gewissen Mißtrauen blickten. Zahllose Grüppchen von Klosterbrüdern tauchten mitten in den uralten, einsamen Waldgebieten auf – nicht anders als die einfachen Bauern, die dorthin vordrangen, um Land urbar zu machen –, rissen da und dort den Mantel von Wäldern auf, der im frühen Mittelalter fast ganz Europa bedeckte, um ihn nach und nach zu zerschneiden. Ein punktueller, aber vielfacher Angriff auf die Natur, auch wenn die Wälder im allgemeinen lediglich zugänglicher gemacht wurden, um Vieh darin zu weiden, und noch kaum Äcker oder Weinberge angelegt wurden.

Die von den Geschichtswissenschaftlern als Wald-Weide-Wirtschaft bezeichnete Wirtschaftsweise sollte das Gesicht Europas allenthalben noch jahrhundertelang prägen. Damals war es undenkbar, sich vom Wald mit all seinen Ressourcen, seinen Vorteilen und Reizen zu trennen: Adlige und Bauern gingen dort der Jagd nach, Fromme und Einsiedler suchten in seiner wunderbaren Einsamkeit die Voraussetzungen für ihr Zwiegespräch mit Gott und zogen sich in die dichteste Wildnis zurück oder erklommen die steilsten Felswände, um der Begegnung mit ihresgleichen sicher zu entgehen.

Ganz allmählich jedoch drang die Landwirtschaft vor und gewährleistete das Auskommen einer immer größeren Zahl von Menschen, ja verhalf einem bestimmten Personenkreis, der mit der Zeit immer kleiner und – vor allem in Italien nach der Eroberung durch die Karolinger – immer reicher und mächtiger werden sollte, zu Wohlstand, Reichtum und Macht. Anderswo war ein solcher Aristokratisierungsprozeß schon kräftig in Gang gekommen oder bereits vollzogen. Wenn das Verhalten der Adligen also im wesentlichen das von Bewahrern der unkultivierten Gebiete war – außer bei zuwiderlaufenden Sachzwängen –, so war diese Rolle, namentlich in Italien, doch auf die höchsten Adelsschichten beschränkt.

Der November,
Einschaltbild aus dem Stundenbuch des Duc de Berry,
Die *Schweinefütterung,* nach 1400

Die Sintflut,
Apokalypse von Saint-Sever, Mitte des 11. Jh.,
Paris, Bibliothèque Nationale

Die Lebenden und die Toten

Der große und empfindsame Mönch und Dichter Alkuin sah das allzu rasche Dahinschwinden aller Dinge, den Wandel ihrer Formen, ihren Weg zum Untergang alles Irdischen. Gewiß ist es nicht allein der Wunsch, schöne Verse zu verfassen – wiewohl diese ihm lieb und teuer sind –, was den gelehrten Kirchenmann dazu treibt, den Blick auf den Horizont des Weltendes zu richten. Die Kürze und Bedrängtheit des Lebens, der Tod, der mit die Geburtenziffer übersteigender Häufigkeit zuschlug und ins Menschengeschick eingriff, geben ihm häufig Anlaß zu düsteren Betrachtungen. Der Tod auf dem Schlachtfeld, die hohe Kindersterblichkeit, Krankheiten, Pestseuchen, die von den Launen der Jahreszeiten abhängige (und daher oft knappe) Ernährung hielten die durchschnittliche Lebenserwartung auf niedrigem Stand. Man braucht nur die Urkunden aus der damaligen Zeit zu lesen, in denen der Mensch in Erscheinung tritt, um einen Acker zu veräußern oder zu pachten oder einen Landtausch vorzunehmen, um festzustellen, daß die meisten Leute keinen Vater mehr hatten: Die durch den Namen des Vaters ergänzten Vornamen weisen uns auf eine Unzahl von »Söhnen des seligen ...« hin: Pietro, Sohn des seligen Andrea; Paolo, Sohn des Antonio seligen Angedenkens ... Auch die Chroniken sind gespickt mit Eintragungen über Adlige, die in der Schlacht gefallen sind, über Söhne hoher Herren, die in blühendem Alter einer Krankheit erlagen, über Hungersnöte und mörderische Pestepidemien. Wir können uns noch bei weitem keinen Begriff davon machen, wie sich dies auf das Bewußtsein der Menschen ausgewirkt hat; wir wissen nichts über die Empfindungen der Sterbenden und derer, die sie sterben sahen, über ihr Leid, ihre Schuldgefühle und Ängste. Wir können nur sagen, daß der Tod respektiert wurde als Faktum, angesichts dessen man innezuhalten und sich zu besinnen hatte, als etwas, das auch damals schwer hinzunehmen war. Über Unterschiede in den Auffassungen der verschiedenen Gesellschaftsschichten wissen wir recht wenig. Starb ein Mächtiger, so wurde dies in vielen Fällen von einem Chronisten vermerkt, der das Ereignis, wie wir gesehen haben, nicht selten mit einer Naturkatastrophe in Verbindung brachte. Wir wissen aber, daß auch einfache Leute den Kirchen und Klöstern Schenkungen machten, um sich und ihren Angehörigen das ewige Seelenheil zu sichern.

Doch wie man auf Naturkatastrophen gefaßt war, so war man auch auf die unausweichlichste Katastrophe, den Tod, gefaßt. Die Adelsleute waren gewohnt, ihn zu geben und zu empfangen, vor allem auf dem Schlachtfeld. Wenn auch die Kriege jener Zeit nicht so mörderisch waren wie die der Neuzeit und der heutigen Zeit, so setzte man doch jedesmal, wenn man in den Kampf zog, sein Leben aufs Spiel. Die Bevölkerungsdichte war – auch wenn wir über keine genauen Zahlen verfügen – bis auf wenige dichter besiedelte Orte in einer so gut wie unbewohnten natürlichen Umwelt allgemein sehr gering. In den Beschreibungen großer Besitzungen werden endlose Waldflächen, Heide- und Sumpfgebiete und nur wenig bebautes Ackerland erwähnt. Die kaum gezähmte Natur drang bis in die städtischen Siedlungen vor, innerhalb derer es zahllose Wiesen, Felder und Weinberge gab. Menschen, lebende zumal, gab es also wenige; wohingegen die Friedhöfe im Lauf der Zeit eine Ausdehnung und eine Bedeutung erlangten, die für uns wohl immer unvorstellbar bleiben werden. Es war eine Welt der Toten, und so wird uns der Pessimismus der Kleriker verständlich, die der Flüchtigkeit des Daseins ohnmächtig und skeptisch gegenüberstanden; und wir begreifen auch die unzähligen Spenden an die Kirchen, diktiert von der Angst zu sterben und von dem Wunsch, jenes weit umfangreichere Menschenvolk mit Gebeten zu versehen, das in und rund um die Kirchen ruhte und auf den Tag wartete, da es zum Jüngsten Gericht auferweckt würde. Eine Welt der Jungen, so hat ein Historiker von Rang in bezug auf das Frühmittelalter geschrieben; das war es gewiß, mehr noch aber war es eine Welt der Toten.

Dies wird zumindest teilweise aus privaten Urkunden ersichtlich, von denen einige besonders aufschlußreich sind: Pergamenthandschriften, in denen im 10. Jahrhundert, der Zeit der verheerenden Magyareninvasionen, aber auch noch später, ganze Gemeinwesen auftreten, um von einem Mächtigen eine Gunst zu erbitten. Wie wir bereits sahen, haben die Familienoberhäupter (und die anderen, die sich ihnen anschließen) im allgemeinen keinen Vater mehr, was aus den Namenslisten hervorgeht.

Im Laufe der Zeit nahm die Zahl der Kirchen zu, namentlich vom 8. Jahrhundert an. Die Christianisierung immer größerer Menschenmassen – auch wenn es sich häufig nur um eine äußerliche Bekehrung handelte – führte dazu, daß jedermann Grabstätten für seine Toten errichtete. Zu jener Zeit, besonders zwischen dem 10. und dem 11. Jahrhundert, gab es ungeheuer viele Klöster und Kirchen, manchmal viele hundert in einem Gebiet von der Größe einer heutigen Provinz. Zum größten Teil handelte es sich dabei um Privatstiftungen, in welchen Mitglieder der Gründerfamilien den oft sehr kleinen Mönchsgemeinschaften vorstanden. Nicht wenige Klöster jedoch bevölkerten sich nach und nach mit zahlreichen Klerikern, vor allem wenn es sich um Einrichtungen handelte, die auf Betreiben von Familien des mittleren oder hohen Adels gegründet worden waren. In solchen Fällen mußte man eine Höchstzahl festsetzen, die nicht überschritten werden durfte, damit die Klostergüter stets für den Lebensunterhalt der Mönche ausreichten.

Im 10. Jahrhundert, der Reifezeit der frühmittelalterlichen Kultur, erreicht die Zahl der Religionsgemeinschaften einen beeindruckenden Stand, vor allem was die öffentlichen Kirchen, also die Pfarrkirchen und Kathedralen angeht. In einer Pfarrkirche konnten – die niedrigeren Geistlichen nicht mitgerechnet – allein bis zu einem Dutzend Priester wirken, wobei zu bedenken ist, daß ein Bistum gewöhnlich zwanzig und mehr Pfarreien umfaßte. Kathedralen beherbergten neben anderen Klerikern zwanzig bis sechzig Priester. Noch überfüllter sind die von Königen oder vom Hochadel gestifteten Klöster. Das Heer von Geistlichen gewährleistete eine große Zahl von Gebeten für die Seelen der Verstorbenen und derer, die für ihren eigenen Tod Vorsorge treffen wollten. In einer von höchst materieller Religiosität geprägten Zeit war für das Seelenheil die Zahl derer, die dafür beteten, wichtiger als alles andere. Zwar verfügen wir, was die kirchliche Präsenz der damaligen Zeit betrifft, noch längst nicht über genaue Zahlen; wir wissen jedoch, daß sie von beträchtlichem Umfang war.

In einer Kultur, die mit dem Tod vertraut war, stellte dieser noch nicht das gleichsam »unnatürliche«, ja unheimliche Ereignis dar, als welches er später betrachtet werden sollte, nachdem die Bevölkerung angewachsen war und die Zahl der Lebenden einen Umfang erreicht hatte, der in ausgewogenem Verhältnis zur Sterberate stand. Wohl stand man auch im Frühmittelalter dem Sterben im Augenblick des »Übergangs« vom Leben zum Tod mit Ehrfurcht, ja mit verständlicher Angst und – wenn es Mächtige oder Heilige traf, von denen das Volk sich Schutz und Beistand erhoffte – mit Erschütterung gegenüber. Aber auch in diesem Fall war der Tod etwas Natürliches, das die gleiche Angst einflößte wie Sonnen- oder Mondfinsternisse, die in den Chroniken mit solch traurigen Ereignissen in Verbindung gebracht werden. Die Gelehrten – aber nicht nur sie – entsetzten sich davor wie vor einer Naturkatastrophe, Vorbote für kommendes Unheil oder Folge begangener Sünden. Im Jahr 840, turbulent schon durch den Streit zwischen dem Kaiser und seinen Söhnen und der Zwietracht der Söhne untereinander, versetzt der Tod Ludwigs des Frommen die Chronisten in Schrekken, die im Zusammenhang damit von beängstigenden Sonnen- und Mondfinsternissen berichten und all jene warnen, die die Einheit des Kaiserreichs gefährden.

Blättern wir jedoch in den Heiligenviten, in den Biographien von Mönchen oder anderen Geistlichen, so gewinnen wir den Eindruck, daß die Männer Gottes allzeit zum Sterben bereit waren; und auch wer mehr an der Welt hängt, schickt sich, wenn es soweit ist, ohne Bangen – es sei denn um sein Ergehen im Jenseits – zum Sterben an. Häufig sehnt der Heilige das Ende seines Lebens herbei, um endlich in den Genuß der ewigen Glückseligkeit zu gelangen, doch der Herr schiebt den Augenblick des Todes gegen den Willen des Heiligen hinaus. All diese Beispiele von Todesbereitschaft dienten zwar hauptsächlich erbaulichen Zwecken; doch das durchgängige Fehlen der physischen Angst vor dem Ableben ist sehr wohl bezeichnend. Jedermann war mit dem Tod vertraut, der bis auf wenige Ausnahmen sehr früh kam. Es war zu jener Zeit schwer, Leute zu finden, die älter als sechzig waren und als Zeugen bei Prozessen in Angelegenheiten hätten auftreten können, die sich ereignet hatten, bevor die meisten der noch Lebenden im erinnerungsfähigen Alter waren.

Geburtenregister gab es nicht (und es wäre an dieser Stelle müßig, über rein ekklesiologische oder administrative Gründe zu diskutieren). Was es jedoch in großer Zahl gab, waren Verzeichnisse mit den Namen von Verstorbenen, für die gebetet werden sollte. Kirchen und Klöster tauschten sie oft untereinander aus. Auch die Namensverzeichnisse Lebender in den Memorialbüchern der Kirchen und Klöster wurden nur angelegt, damit im Hinblick auf ihren Tod für sie und für ihr Seelenheil gebetet werden konnte. In den Sterbelisten ist in vielen Fällen das Sterbedatum angegeben, ebenso wie uns die Chroniken den Todestag der Mächtigen nennen; das Geburtsdatum erfahren wir aus den Urkunden dagegen so gut wie nie. In gewissem Sinn zählte das Leben also weniger als der Tod; gewiß tat man wenig, es zu verlängern, sich eine lange Gesundheit zu bewahren. Im übrigen ließen die armseligen Lebensverhältnisse eine langlebige Bevölkerung gar nicht zu. Es war ein Teufelskreis: Das vorzeitige und häufige Sterben nahm dem Leben seinen Wert; das gering geachtete Leben war früh vom Tod bedroht. Gering geachtet war es aus vielerlei Gründen, die in der Geisteshaltung, den Institutionen und der materiellen Wirklichkeit zu suchen sind. Daraus darf allerdings nicht geschlossen werden, daß man keine Vorsorge für das eigene Überleben traf. Man tat es in dem Rahmen, den die materiellen Ressourcen jener Zeit und auch die Mentalität zuließen, die noch nicht danach trachtete, Krankheit, Naturkatastrophen und anderes Ungemach ernsthaft zu bekämpfen. Die Geburtenrate muß recht hoch gewesen sein, denn nicht selten finden wir auch in den unteren Gesellschaftsschichten drei oder gar vier erwachsene Geschwister. Das heißt, es mußten wesentlich mehr geboren worden sein, wenn eine für die damalige Zeit gewiß nicht geringe Zahl von ihnen überlebte. In den oberen Schichten, für die wir über oft vollständige oder fast vollständige Familienverzeichnisse verfügen, beläuft sich die Kinderzahl zwischen dem 9. und dem 10. Jahrhundert auf vier, fünf oder mehr. Hier machte sich auch die bessere Ernährung und Bekleidung bemerkbar, die den Reichen zur Verfügung stand; oft allerdings drohte der unmäßige Genuß von Fleisch und Wein die günstigen Auswirkungen des Reichtums wieder zu mindern.

»Pemmo hatte eine Frau namens Ratberga zum Weibe. Da sie wie eine Bäuerin aussah, bat sie den Gatten immer wieder, sie fortgehen zu lassen und sich ein Weib zu suchen, das wert sei, die Gemahlin eines Herzogs zu sein. Der Herzog indes, der ein kluger Mann war, erwiderte, daß ihm mehr an ihrer Rechtschaffenheit, Bescheidenheit und ihren guten Sitten gelegen sei als an ihrer Schönheit. Von dieser Frau hatte der Herzog drei Söhne: Ratchis, Ratchais und Aistulf, alles sehr kriegstüchtige Männer. Die Geburt dieser Söhne ließ die Bescheidenheit der Mutter glänzen.« Diese Sätze hat uns Paulus Diakonus in der zweiten Hälfte des 8. Jahrhunderts überliefert. Sie beziehen sich auf einen mächtigen friaulischen Herzog Anfang desselben Jahrhunderts. Die Genugtuung, Söhne zu haben, noch dazu kriegstüchtige, und die Freude eher an der Rüstigkeit und Fruchtbarkeit der Frau als an ihrer Schönheit sind in frühmittelalterlichen Chroniken ein häufig wiederkehrendes Thema. Liudprand, der nachmalige Bischof von Cremona, schreibt im 10. Jahrhundert in seiner Chronik über König Hugo und dessen Konkubinen, die der Frauenverächter scharf verurteilt. Er scheut sich indes nicht, die Nachkommen zu rühmen, die sie dem König gebaren: »Er hatte viele Konkubinen, drei von ihnen aber liebte er mehr als alle anderen: Pezola, aus niedrigem Geschlecht von Knechten, die ihm einen Sohn namens Boso schenkte, den der König dann nach dem Tod des Bischofs Guido zum Bischof von Piacenza einsetzte; Rosa, Tochter des Valperto, den der König hatte enthaupten lassen, welche ihm eine wunderschöne Tochter gebar; die dritte, Stefania, Römerin von Geburt, die einem Knaben, Tebaldo, das Leben schenkte, den er zum Erzdiakon der Kathedrale zu Mailand erhob, in der Absicht, ihn nach dem Tod des Erzbischofs mit dessen Amt zu bekleiden.«

Die *Annalen* des Frankenreichs heben die Tatsache hervor, daß Karl der Große siebzig Jahre gelebt hat, ein Alter, das damals schwer zu erreichen war; und viele seiner Kinder starben ja auch vor ihm. Die hohe Sterblichkeit veranlaßte zur Zeugung vieler Kinder und, wenn der Mann – wie zum Beispiel Karl der Große – lange lebte, zur Ehe mit mehreren Frauen. So deuten wir uns auch die häufige Präsenz von Konkubinen, für die die Verkommenheit der Sitten keine ausreichende Erklärung bietet. Je zahlreicher die Nachkommenschaft, desto höher die Wahrscheinlichkeit, daß die Familie – und die Macht, die sie innehatte – überdauerte. Vor allem auf diese Weise sicherte der Mensch in schwierigen Lebensverhältnissen, in einer feindlichen Umwelt und bei all den Gefahren, die ihm von seinesgleichen drohten, den Fortbestand seiner Art in der Generationenfolge.

Die hohe Sterblichkeit und die enge Nachbarschaft der Lebenden zu den vielen Toten, die in den Kirchen und um sie herum begraben lagen, führten dazu, daß letztere auf erstere starken Einfluß hatten. Man stellte sich vor, die Toten würden weiter wirken und walten, als Ratgeber, Mahner, Sittenrichter der Lebenden wie auch als Helfer in der Schlacht und als strenge Hüter der Kirchen- und Klosterschätze. Man glaubte, es gäbe ein ganzes Heer von Heiligen und im »Geruch der Heiligkeit« Gestorbenen (ein klares Kanonisationsverfahren existierte zu jener Zeit noch nicht), und war überzeugt, daß sie sich quasi zwangsläufig unter die Lebenden mischten. Lebende und Tote wanderten zwischen der irdischen Welt und dem Jenseits nach Belieben hin und her. Dem Lebenden konnte es widerfahren, so meinte man, daß er starb und ein zweites Mal lebte, daß er im Geist, während alle ihn tot wähnten, in die Qualen der Hölle oder die Freuden des Paradieses versetzt und dann, geläutert durch das Gesehene, erneut ins Leben entlassen wurde. Ebenso glaubte man endgültig im Jenseits Weilende dabei beobachtet zu haben, wie sie ins Diesseits zurückkehrten, um auf ihrem eigenen Grab oder dem eines berühmten Heiligen für ihr Seelenheil zu beten. Die beiden Welten waren nicht scharf voneinander abgegrenzt, und die Kürze und Unsicherheit des Lebens schlug sich materiell in der Möglichkeit nieder, nach Gottes Ratschluß zu kommen und zu gehen. Mit der Zeit jedoch zeichneten die Kleriker ein immer markanteres, bedrohlicheres und finstereres Bild von den ins Reich der Lebenden herabsteigenden Toten.

Die Kirchen und Klöster hatten es im 9. und 10. Jahrhundert zu beeindruckendem Reichtum gebracht, und es gab viele, die sich widerrechtlich und oft gewaltsam etwas davon aneignen wollten. So machte man den Heiligen, dem eine Kirche oder ein Kloster geweiht war, zum strengen, wachsamen und rachsüchtigen Hüter der Kirchenschätze. Nicht selten stand er den Mächtigen, die es auf das Hab und Gut der Kleriker, der Mönche oder Bauern abgesehen hatten, an Gewalttätigkeit in nichts nach. Parallel dazu hatten sich die Heiligen auch abgesehen von ihrer besonderen Aufgabe als Hüter des Kircheneigentums zu schrecklichen Gesellen entwickelt: leicht zu kränken, eifersüchtig darüber wachend, daß man sie verehrte und anbetete, und bei ihrem Wirken als Beschützer, Heiler und Beistand in der Schlacht auch miteinander in Rivalität. Der Verfasser der Chronik der reichen und berühmten piemontesischen Abtei Novalesa berichtet, eines Tages habe der Sakristan gesehen, wie in der Kirche die Kerzen, die er nach dem Gottesdienst bereits gelöscht hatte, immer wieder aufflammten. Erschreckt von diesem beharrlich flackernden Licht, das von einer übernatürlichen und beunruhigenden Erscheinung kündete, wußte der Mann nicht, was tun. Erst nachdem für zwei Heilige, die man vorher vergessen hatte, eine Messe gelesen worden war und die beiden durch die ihnen zustehende Anbetung besänftigt waren, blieb es schließlich dunkel.

Die Reliquien des heiligen Martin wurden während der Normanneninvasionen aus Sicherheitsgründen von Tours nach Burgund in eine andere Kirche überführt, wo sie außerordentliche Wunder bewirkt haben sollen. Als man sie in einer feierlichen Prozession wieder an ihren Ursprungsort zurückbrachte, sah man den ganzen Weg entlang in einem fort die Zeichen der Wirkmächtigkeit dieses Heiligen. Wir verfügen über nicht wenige Berichte von derartigen Überführungen und können uns kaum vorstellen, daß die Menschen nicht Angst, Furcht oder Verehrung empfanden, wenn sie einer solchen Prozession begegneten oder erfuhren, daß die Gebeine eines Heiligen nahten, zumal wenn es sich um einen so berühmten Heiligen wie St. Martin, den Schutzpatron Galliens, handelte.

Auf Geheiß der beiden Heiligen Peter und Paul begaben sich zwei Dämonen ins Haus eines Mächtigen, der Güter der Abtei Novalesa an sich gerissen hatte. Sie überraschten ihn beim Schmaus und verprügelten ihn grausam. Der Mann verlor den Verstand und erholte sich nicht mehr bis zu seinem Tode, von dem er ereilt wurde, ohne die Tröstung des Leibs und des Bluts Christi zu empfangen. Bei anderen Gelegenheiten greifen die Heiligen höchstpersönlich ein, nicht immer gewalttätig und auf jeden Fall stets ohne eigenhändig Blut zu vergießen: Im Bericht der Chronik von Novalesa beauftragten Peter und Paul die Dämonen mit der Strafaktion; darüber hinaus tauschten sie die Schwerter, mit denen sie die beiden antrafen, gegen Stöcke aus. Fügte der Heilige selbst jemandem den Tod zu, so tat er dies im allgemeinen ohne Waffengewalt.

In der Regel aber genügten drohende Visionen und Traumgesichter im Schlaf, bei der Nachtwache oder auch bei Tag, um einen Mächtigen von seinen Übeltaten abzuschrekken, einem Gläubigen einen Auftrag zu erteilen oder einen Irregeleiteten wieder auf den rechten Weg zu lenken. Die Häufigkeit der Visionen und Erscheinungen verhielt sich proportional zur Bedeutung des Heiligen aufgrund seiner Stellung in der Hierarchie des Reichs der Seligen wie auch aufgrund der Zahl der ihm geweihten Kirchen und Klöster. Je zahlreicher die kirchlichen Einrichtungen, deren Beschützer er war, desto häufiger trat er in Aktion. Wie zum Beispiel der heilige Benedikt von Nursia, der Begründer des abendländischen Mönchstums, den man in einem Bericht der Chronik von Novalesa nächtens im Kloster erscheinen sieht. Häufig materialisierte sich die Erscheinung, und die Heiligen wandelten durch ihre Kirchen und Klöster. Gewalttaten, die mit Blutvergießen verbunden waren, blieben den gewöhnlichen Verblichenen – wenn nicht willfährigen Dämonen – überlassen, die sich zu diesem Zweck der mörderischsten Waffen der Zeit bedienten. Wiederum dem Novalesa-Chronisten zufolge wurde einem Priester einst die Aufgabe übertragen, einem verstockten Dieb der Klostergüter – einem hohen Herrn – des Nachts mit einer schweren Hiebwaffe ordentlich eins über den Kopf zu ziehen. Der Unglückselige war von dem verstorbenen Priester nur im Traum geschlagen worden, die Wirkung jedoch war real, denn als er erwachte, schmerzte ihm der Kopf, er wurde krank und starb kurz darauf.

Gewiß ist es kein Zufall, daß solche Verhaltensweisen der Verstorbenen – ob heilig oder nicht – vor allem das 10. und 11. Jahrhundert kennzeichnen: In ihren Taten läßt sich unschwer der Lebensstil eines kriegerischen Adels erkennen, der seine Macht meist mit roher Gewalt behauptete, nun da die Zentralgewalt – im Vergleich zur Karolingerzeit, als sich die Feudaldynastien noch nicht herausgebildet hatten und das Netz königlicher Beamter die lokalen Herren wenigstens in beschränktem Maß im Zaume hielt – keinerlei Kontrolle mehr ausübte. Auch die Kirche besaß also in ihren mächtigen Heiligen und deren Vollstreckern einen »Kriegerstand«, der nicht immer nur auf den Plan trat, um die Kirchengüter zu verteidigen, sondern – nicht anders als die Adelsschicht – häufig auch tätig wurde, um diese zu vermehren. Schon in der Karolingerzeit werden die Geistlichen per Gesetz ermahnt, den Gläubigen nicht mit der Angst, die die damalige Religion einzuflößen wußte, Hab und Gut abzupressen. Einfache Bauern, die sich vor dem Jenseits fürchten, aber auch Herren von edlem Geblüt hatten ihr gesamtes Vermögen hingegeben, aus Angst vor einem unheilvollen Geschick im Jenseits, aber auch vor den Folgen, die es noch zu Lebzeiten für sie haben könnte, wenn sie Kirchen und Klöstern, die unter dem Schutz gefürchteter Heiliger standen, Geschenke verweigerten. Pestseuchen hören auf, wenn einem berühmten Heiligen eine Kirche errichtet wird; und auch nach einem hart errungenen Sieg ist es ratsam, sich auf diese Weise einem illustren Toten erkenntlich zu zeigen. »Zu jener Zeit schied der bei seinem Volk sehr beliebte König Cunincpert, nachdem er zwölf Jahre über die Langobarden regiert hatte, aus dem irdischen Leben. Er hatte in der Nähe von Coronate, wo er sich mit Alahis im Kampf gemessen, ein dem Märtyrer Gregor geweihtes Kloster errichtet«, berichtet Paulus Diakonus, wahrscheinlich in bezug auf das Jahr 700.

Ein Engel verschließt die Hölle,
Psalter Heinrichs von Blois,
Mitte des 12. Jh.

Der Liebeszauber,
Gemälde eines unbekannten Künstlers des 15. Jh.

Die Schönheit des Leibes

Im neunzehnten Gesang des Fegefeuers erscheint Dante im Traum ein Weib »totenblaß zu schaun, stammelnd, schielend durch die Lider, verkrümmt den Fuß, die Hände abgehaun.« Er sieht sie an, und »wie die Sonne Glieder geschmeidig macht, die nachts im Frost erstarrt«, so verwandelt sein Blick sie, läßt sie schön werden und gibt ihren Wangen die Rosenröte, die in den Männern die Liebe weckt. Sie beginnt gleich einer Sirene verlockend zu singen, bis sie von einer andern, einer »heiligen« Frau unterbrochen wird, die sich eilends nähert, der andern das Gewand zerreißt und ihren Leib entblößt: Daraus entsteigt ein Pesthauch, der den Dichter aus dem Schlaf reißt.

Das Bild der Frau, die den Mann auf den ersten Blick bezaubert und dann plötzlich erschreckend häßlich wird oder zumindest Abscheu in ihm weckt, hat seine frühen Vorläufer in der Verdammung der körperlichen Schönheit – vor allem der weiblichen – seitens der Kleriker. Schon Liudprand von Cremona, der die auffallende Schönheit einer der Konkubinen König Hugos rühmt, fühlt sich bemüßigt, das geflügelte Wort hinzuzufügen, angesichts solcher Schönheit müsse man stets bedenken, daß alles Fleisch der Verwesung anheimfalle. Kurze Zeit vorher hatte Odo, Abt von Cluny, in einer seiner berühmten Abhandlungen geschrieben: »Die Schönheit des Leibes rührt allein von der Haut her. Wenn die Menschen nämlich sehen könnten, was sich unter der Haut verbirgt – gleich den Luchsen, von denen es bei Boethius heißt, sie hätten angeblich die Fähigkeit, die Eingeweide zu sehen – so würde ihnen vor dem Anblick der Frauen grausen. Deren Schönheit besteht in Wirklichkeit aus Schleim, Blut, Wasser und Galle. Wenn einer an das denkt, was in den Nasenlöchern, im Hals und im Bauch ist, so findet er nichts als Schmutz. Und da wir doch Schleim und

Kot nicht einmal mit den Fingerspitzen anrühren mögen, warum sollten wir einen Haufen Kot zu umarmen begehren?« Für den berühmten Abt von Cluny ist die Haut also nur ein Behältnis für schleimige Flüssigkeit, abstoßende Körpersäfte und Kot. Schönheit ist in Wirklichkeit nur eine dünne Hülle über Ekel und Abscheu erregendem Schmutz und Kot. Wie kann man also eine Frau umarmen wollen, und sei es die allerschönste?

Dieser Ansicht bleibt Odo auch in seinem berühmten hagiographischen Werk, der Lebensbeschreibung des heiligen Gerald, des Grafen von Aurillac, treu. Dieser Graf von Aurillac erlitt seinem Biographen zufolge nur ein einziges Mal die Versuchung des Fleisches. Eines Tages fiel ihm die Tochter eines seiner Mannen auf, von deren Schönheit er gebannt war. »Unklugerweise ließ er den Blick auf der zarten Farbe ihrer Haut verweilen, und so begann er Lust daran zu empfinden. Oh, hätte er sich doch sogleich vorzustellen versucht, was unter der Haut verborgen war! Denn allein die Farbe derselben macht die Schönheit des Fleisches aus.« Gerald fühlt sich also angezogen von einer Hülle widerwärtiger Dinge, wie sein Biograph Odo im obengenannten Traktat den weiblichen Körper definiert hat; doch diese scheinbare Schönheit fasziniert ihn so sehr, daß er sich daran erfreuen will. Er trifft also mit dem Vater des Mädchens eine Verabredung in dessen Haus und begibt sich dorthin. An diesem Punkt jedoch offenbart sich dem guten Grafen – nicht anders als Dante im Fegefeuer – durch göttliche Gnade das wahre Wesen der Frau, und er wird vor der Sünde bewahrt. Als er nämlich am Kaminfeuer, das inzwischen angezündet worden war, um in der kühlen Jahreszeit nach Sonnenuntergang das Haus zu erwärmen, endlich an ihrer Seite weilt, erfährt die Frau vor dem rotglühenden Hintergrund eine schreckliche Verwandlung: Ihre Schönheit weicht einer abstoßenden Fratze. Die Nacht draußen war eisig, doch Gerald, durch göttlichen Willen im letzten Moment vor der Sünde bewahrt, schwang sich auf sein Pferd und jagte bis zum Morgengrauen durch die schreckliche Kälte, um sich für sein böses Vorhaben selbst zu bestrafen. Doch die Kälte jener Nacht, die dem Grafen unvergeßlich bleiben sollte, genügte dem göttlichen Willen nicht als Strafe für den Sünder: Er wurde obendrein mit langjähriger Blindheit geschlagen, weil er nicht mit den Augen der Vernunft die von der zarten und gefälligen Farbe der weiblichen Haut umschlossene, erbärmliche Wirklichkeit erkannt hatte.

Ohne die Gnade Gottes, die Gerald auch noch auf dem Gipfel der Leidenschaft herabflehte, wäre er der Anfechtung erlegen. Er, der im Gegensatz zu vielen anderen die Jugendjahre ohne den »Schiffbruch der Scham« hinter sich gebracht hatte, den so viele Heranwachsende jahrelang erleiden. Aus all diesen Betrachtungen Odos von Cluny wird deutlich, in welcher Weise er – aber auch eine weitverbreitete Kultur – dem Problem der erotischen Anziehung der Frau, ihrer Schönheit und sexuellen Reize begegnete. Doch der Abt von Cluny geht noch weiter: Er erzählt uns, der fromme Graf habe, um keusch zu bleiben, nie heiraten wollen. Selbst als der mächtige Herzog von Aquitanien, mit dem er im übrigen befreundet war, ihm seine Schwester zur Frau geben wollte, verweigerte er die Ehe.

Die begehrte oder erträumte Schönheit stand in scharfem Kontrast zum Aussehen, das ein körperlich hartes, vom Kontakt mit einer noch primitiven Umwelt geprägtes Leben den meisten Menschen verlieh. Daher die Anziehungskraft zierlicher Formen wie die des schlanken Halses des Grafen von Aurillac, der als das einzig Auffällige an dem durch Jagd und Kampfspiele gestählten Körper die Aufmerksamkeit des Biographen auf sich zieht. Daher auch die Vorliebe für helle, zarte, strahlende Haut (wie sie später auf Gemälden hervorgehoben wird), die so ganz anders ist als der kräftige Teint der Sonne und frische Luft gewohnten Männer und Frauen. Wenn wir diese Vorliebe bei den Gebildeten finden, so ist kaum vorstellbar, daß sie nicht von jenen geteilt wurde, die ein physisch viel stärker von Jagd- und Kampfestraining oder harter Feldarbeit geprägtes Leben führten. Ein Ideal, das vom Normaltyp der gewiß eher robusten als zartgliedrigen Männer und Frauen so stark abwich, konnte aber nur der sublime Gipfel einer Phantasie sein, die in der Regel eher auf Körperformen gerichtet war, wie sie einem das damalige Leben tagtäglich vor Augen führte und wie sie nicht nur vertraut, sondern auch sinnvoll waren. In den Chroniken jener Zeit finden sich zahlreiche und sehr realistische Berichte über handfeste, in der elementarsten Sexualität wurzelnde Leidenschaften. Über lüsterne Weiber und zügellose Männer schreibt Liudprand, der nachmalige Bischof von Cremona, in der Mitte des 10. Jahrhunderts. Der Verfasser tut dies voller Genugtuung, im Bewußtsein, das Laster aufgedeckt und gebrandmarkt zu haben, was ihn allerdings nicht hindert, in seinen Schriften liebestolle Männer und Frauen ohne Umschweife als das darzustellen, was sie sind. Zum Beispiel den kleinen struppigen Priester mit hypertrophen Genitalien, der die Gemahlin König Berengars 1. schwängert. Die Königin läßt sich kompromittieren, ohne ernsthaft etwas zu tun, um das Verhältnis geheimzuhalten. Einige Jahrhunderte früher hatte sich Romhilda, die junge Witwe des friaulischen Herzogs Gisulf, eines tapferen Kriegers, von der Kraft beeindrucken lassen, die die federnde Gestalt des Anführers der Awaren ausstrahlte. Die Frau hatte ihn zu ihrem Unglück von den Mauern Cividales aus erblickt: Damit er ihr beiwohnen könne, öffnete sie ihm die Tore der Stadt und lieferte ihm die Reste eines glorreichen Heers aus. Ebenfalls im 10. Jahrhundert klagt eine Griechin in der Gegend von Spoleto mit lauter Stimme, die Feinde unter der Führung des italienischen Königs stünden im Begriff, ihrem Mann die Hoden abzuschneiden. Schlimmeres, so jammert sie, könnten sie ihr nicht antun.

Derlei Episoden könnte man noch viele anführen. Sie werden in Chroniken aller Epochen und Gegenden des Frühmittelalters erzählt und spiegeln somit eine Mentalität, die zweifelsohne weit verbreitet ist. Gerade die drastische Körperlichkeit, ja Brutalität der Leidenschaften aber rief auch entgegengesetzte Reaktionen hervor: die Sehnsucht nach lichter, zarter Schönheit von flüchtiger Kontur oder gar die Ablehnung jeder materiellen oder körperlichen Form von Schönheit und die Hingabe an Phantasiebilder von Licht, Wohlklängen und überirdischen Düften. Männer und Frauen, die vorübergehend sterben und ins himmlische Licht sinken, dann aber wehmütig zur Erde zurückkehren, um das Leben zu vollenden, das Gott ihnen vorbestimmt hat:

Solche und ähnliche Geschichten erzählen der Mönch Jonas von Susa über die Nonnen des 7. Jahrhunderts und Gregor der Große (in seinen *Dialogen*) über Männer aus ungefähr der gleichen Zeit. Das Paradies denkt man sich häufig als Garten voller Bäume, Sträucher, Blumen und weißer Steine: das Gegenteil der halbprimitiven Landschaft, von der sich die Menschen damals umgeben sahen. Materialität des alltäglichen Lebens und ätherische Süße oder auch Immaterialität (man denke an das Licht, als welches das Paradies in vielen Visionen erschien) des anderen, wahren, dauerhaften, ewigen Lebens. Und zwischen diesen beiden Polen ein Schönheitsideal, das zwischen durchscheinender Blässe und Zartgliedrigkeit und dem Bild gesunder Leibeskraft schwankt. Allerdings wissen wir recht wenig über die Verbreitung und die Bedeutung dieser Bilder, die sich die Menschen von sich machten, wenn sie ihresgleichen begehrten. Gewiß aber sind Träume von unerreichbaren Welten ein Hinweis auf eine widrige, rauhe, nicht selten grausame Wirklichkeit. Es ist kein Zufall, daß gerade in den ersten Jahrhunderten des Mittelalters einerseits über deftig-realistische Liebschaften, andererseits über die Flucht in mystische Visionen von Licht, in Phantasien von himmlischen Klängen und unbeschreiblichen Wohlgerüchen berichtet wird. Wird der Leichnam eines Heiligen exhumiert, so breiten sich ringsum die lieblichsten Düfte aus; schaut ein Mensch von frommem Lebenswandel auf dem Sterbelager Engelsgestalten, dann nehmen die anderen himmlische Klänge und Düfte wahr, und gleißend helles Licht erstrahlt am Himmel, wenn eine gebenedeite Seele sich emporschwingt.

Auf der körperlichen Schönheit lastet wie auf allem physischem Leben der Schatten des Todes, am schmerzlichsten wahrgenommen von den Gebildeten, denen in einer Epoche, da nur wenige alt wurden, die Kürze des Lebens bewußt war. Die einfachen Leute mußten das Ende als normalen Einschnitt im Fluß aller Dinge hinnehmen. Die Moralisten, Geistlichen und Predigermönche gemahnten jedermann daran, denn es galt, den Menschen mit dem göttlichen Gericht, dem Tag der Angst, vertraut zu machen. Alle aber hatten Anfang und Ende des Lebens vor Augen, die Schwachheit des Leibes angesichts der dahineilenden Zeit und der unausbleiblichen Krankheiten. »Sie war schön«, will man sie »nach den Gesetzen des Fleisches« beurteilen, »das der Verwesung anheimfallen wird«: Zu solchen Worten fühlten sich die geistlichen Intellektuellen das ganze Frühmittelalter hindurch bemüßigt, wenn sie in Heiligenviten und Chroniken über die Schönheit schrieben. Dennoch hat diese Ausdrucksweise nichts von dem makabren und unheimlichen Gehalt, den das Bild vom Lebensende gegen den Höhepunkt des Mittelalters hin hervorrufen sollte, als der Tod mehr als böser und fremder Besucher denn als natürlicher, wenn auch unbequemer Weggefährte aller Lebewesen gesehen wurde.

Der Herr von Suonegge auf der Hirschjagd,
Große Heidelberger Liederhandschrift,
um 1310-1340, Zürich

Die Jagd

In seiner *Vita Odonis* ruft Johannes Italicus die Worte des Abtes von Cluny über seine militärische Ausbildung in Erinnerung und gesellt der Schilderung der Kampfausbildung jene der Jagdübungen in der Jugend des späteren Mönchs hinzu, den allein die Gnade Gottes (die »auch jenen Rettung gewährt, die sie nicht wollen«) aus dieser *Routine* herauszureißen vermochte. Als Odo seinerseits die Vita des Grafen Gerald verfaßte, hielt er sich bei den gleichen Themen auf. Der heilige Gerald, so schreibt er, wurde als Knabe darin unterwiesen, »die Molosser zu führen, den Bogen behend zu gebrauchen, mit gezieltem Stoß des Armes Falken und Sperber zu werfen«. »Nach göttlichem Ratschluß« jedoch wurde Gerald krank und konnte diese Übungen nicht fortsetzen; genau wie Odo selbst, der drei Jahre lang von hartnäckigen Kopfschmerzen geplagt wurde. Jagd und Kampfestraining gingen für die Adelssprößlinge des 10. Jahrhunderts Hand in Hand und sollten allmählich, vor allem vom 12. Jahrhundert an, zum Standesvorrecht, zu unanfechtbaren Privilegien des Adels und zum Merkmal für den Rangunterschied zu den anderen werden, denen mit der Zeit nur noch die Jagd auf Niederwild gestattet war. Wenn sie, wie es in manchen Gegenden vorkam, auch Großwild jagen durften, dann nur unter der Bedingung, daß der Kopf und die besten Stücke des erlegten Tiers an den Herrn abgeliefert wurden. Obwohl Odo von Cluny mit mühsam unterdrückter Nostalgie der Zeit gedenkt, da er sich als schöner und kräftiger Jüngling solchen Kraftproben stellte (von denen ihn nur die göttliche Gnade abbrachte), fällt er in seinem *Collationes* betitelten Traktat ein hartes Urteil über die Jägerei: »Wenn man der Grausamkeit Kains entgehen möchte, muß man in Meditation leben und aufhören, sich dem Beispiel der Bösen folgend Tätigkeiten hinzugeben, die von derselben ablenken. In der Tat wäre der, von dem im Evangelium die Rede ist, nicht in die Hände der Räuber gefallen, hätte er nicht Jerusalem verlassen, welches Anschauung des Friedens bedeutet... So steht auch geschrieben von Jakob, der ein ›stiller Mann war und in den Zelten blieb‹. Esau hingegen, den Gott nicht lieb hatte, war ein Mann, dem die Jagd gefiel.« Die Jagd in ihrem Aspekt der Gewalttätigkeit und der Flucht vor sich selbst wird der für die Reflexion über göttliche Dinge unerläßlichen Häuslichkeit gegenübergestellt. Doch auch dieses harte Wort des Reformmönches, das im übrigen keineswegs dessen »tiefe« Verbundenheit mit einem die Leibeskraft (die ja auch bei der Jägerei demonstriert wird) verherrlichenden Lebensstil widerlegt, darf uns nicht vergessen lassen, daß Weltgeistliche wie Regulargeistliche diesen Sport unter großem Zeit- und Kraftaufwand pflegten. Ein Zeichen dafür, wie stark dieser Brauch verwurzelt war, der immer mehr als Privileg der Adligen betrachtet wurde – gleichgültig, ob es sich um Laien oder Geistliche handelte. Bereits die karolingischen Gesetze mußten den Äbten und Äbtissinnen verbieten, Jagdhunde in ihren Klöstern zu halten; die Jagd war auch allen anderen Geistlichen untersagt. Diese Verbote jedoch hatten den gleichen Wert wie die Bestimmungen, welche die Enteignung von Liegenschaften der »weniger Mächtigen« untersagten. Wo nicht ohnehin vorhanden, ließen die karolingischen Fürsten Wälder anlegen, um dort zu jagen: eine Gewohnheit, die die Gonzaga und Este in Italien bis in die moderne Zeit hinein und bis heute pflegen. Die Jagd stellte zwar eine bedeutsame Nahrungsquelle dar, war aber doch in erster Linie ein Brauch vor allem der Adligen. Diese suchten im Hochmittelalter beharrlich die Waldgebiete zu bewahren, wo sie der Jagd nachgehen konnten – selbst wenn sie dadurch den Bauern, die Anbauflächen für Getreide und Wein benötigten, Land vorenthielten. Aber auch die Bauern, die es (je nach den örtlichen Gegebenheiten vom 11. oder 12. Jahrhundert an) vorzogen, die Wälder zu roden, um Ackerland zu gewinnen, taten dies nur, weil die Notwendigkeit, ihren Hunger zu stillen, sie dazu trieb. Allerdings ist auch nicht auszuschließen, daß sie mit der Zeit mit mißtrauischen Augen auf die Wälder blickten (in denen fast nur die Adligen das Sagen hatten und die mit den Burgen und großen Taubenschlägen ein Symbol des Adelsprivilegs waren).

»Der König liebte sehr die frische Luft... Nur aus drei Gründen ging er hinaus: Mindestens einmal und oft auch mehrmals in der Woche jagte er in Marly oder Fontainebleau mit seinen Hundemeuten den Hirsch...« So schreibt Saint-Simon über die Jagdleidenschaft des Sonnenkönigs – und nicht nur an dieser Stelle. Der Lebensstil der Adligen, einschließlich der Könige, war lange Zeit geprägt von dieser Gewohnheit, deren Wurzeln bis in die ersten Jahrhunderte des Mittelalters zurückreichen. Damals wurde sie, wie die Quellen uns bezeugen, ritualisiert und hauptsächlich auf eine Jahreszeit, den Herbst, festgelegt. Urkunden, die der König in dieser Jahreszeit ausstellte, trugen als Ortsangabe häufig den Namen eines Jagdsitzes. Vor allem anhand dieser Urkunden können wir die jährliche Wiederkehr der Jagdzeit nachprüfen und, sofern genügend Dokumente vorhanden sind, ihre ungefähre Dauer – manchmal mehrere Monate – ermitteln. Um der Jagd nachzugehen (der tiefere Grund war jedoch die Vorliebe für das Leben im Freien und die Bevorzugung der ländlichen vor den städtischen Wohnsitzen), verbrachten Könige und Kaiser, aber auch die Adligen generell, einen großen Teil ihrer Zeit auf ihren Landgütern (den *corti*). Dies ist ein Phänomen, das über das Mittelalter hinausreicht, damals aber unserer Ansicht nach die Funktion angenommen hat, eine Verhaltensweise definitiv zu kennzeichnen. Von Ludwig II., König von Italien und römischer Kaiser, wissen wir dank der von ihm ausgestellten Urkunden, daß er sich am 1. September 874, am 9. Oktober sowie am 13. und 15. desselben Monats und am 1. November in Corteolona in der Tiefebene von Pavia aufhielt; am 8. Dezember befindet er sich an einem Ort, der nicht identifiziert, mit Sicherheit aber keine Stadt ist. Häufig weilt er an einem seiner Jagdsitze, einem großen Gut im heutigen Gebiet von Alessandria, dessen Mittelpunkt vermutlich dem heutigen Capriata d'Orba entsprach, das im Frühmittelalter *Orba* hieß. Schon die Langobardenkönige hatten es anderen Landsitzen vorgezogen; jedenfalls seit der Zeit König Cunincperts (688-700), denn Paulus Diakonus berichtet von zwei Episoden aus dessen Leben, in welchen der Wald um den Corte *Orba* eine wichtige Rolle spielt. Das gleiche gilt auch für König Liutprand (713-744), über den es bei Paulus Diakonus heißt: »Liutprand hielt sich im *Urbe* genannten Wald zur Jagd auf, da verwundete einer seiner Begleiter, als er mit dem Bogen auf einen Hirsch zu schießen versuchte, ohne es zu wollen, Aufuso, den Neffen des Königs, Sohn der Schwester.« Neben dem Hinweis auf die Jagd bekommen wir hier noch einen anderen: auf die mit ihrer Ausübung verbundene Gewalttätigkeit, die oft tödliche Verletzungen zur Folge hat. Lambert, König von Italien und Kaiser, sollte im Herbst des Jahres 898 im oben erwähnten Jagdgebiet ums Leben kommen. Er schlug mit dem Kopf gegen einen dicken Baumast, während er in wildem Galopp ein Wildschwein verfolgte (es wurde allerdings auch behauptet, er sei ermordet worden). Den gleichen Tod starb im 18. Jahrhundert ein normannischer Adliger, der grausigen Schilderung in einer der letzten Novellen von Guy de Maupassant aus der Sammlung *Clair de Lune (Mondschein)* zufolge, die den Titel »Der Wolf« trägt. Maupassant beschreibt darin die wilde Jagd auf einen großen Wolf in einer Herbstnacht des Jahres 1764. Die Protagonisten sind zwei adlige Brüder, beide erfahrene Jäger. Die Verfolgungsjagd beginnt, als sich ein dichtes, mit dürrem Laub bedecktes Gebüsch bewegt und die graue Silhouette des Wolfs hervorkommt. Mit verhängtem Zügel stürzen sich die beiden in die Verfolgung, die Pferde sprengen in rasendem Galopp durch den Wald, brechen durch Astwerk und Gestrüpp, ohne etwas zu hören und zu sehen, bis einer der beiden Jäger gegen einen dicken Ast schlägt, der ihm den Schädel spaltet. Der andere lädt ihn sich auf den Sattel, um ihn nach Hause zu bringen. Just in diesem Augenblick sieht er den Wolf wieder und nimmt erneut die Verfolgung auf, bis sie in ein steiniges, mondbeschienenes Tal gelangen, wo es zu einem makabren Kampf zwischen den beiden kommt und die Bestie von dem Mann erwürgt wird. Die gräßliche Geschichte wurde (wie wir von Maupassant erfahren) am Namenstag des hl. Hubertus, des Schutzpatrons der Jäger, also am 3. November erzählt. Fest steht, daß sie am 14. desselben

Monats im Jahr 1882 in *Le Gaulois* veröffentlicht wurde. Die Novelle erinnert mit ihrem legendenhaften Inhalt und ihrer brutalen Handlung an die 1877 erschienene *Légende de Saint Julien l'Hospitalier (Legende von Sankt Julian dem Gastfreien)* von Flaubert, dessen ergebener Schüler Maupassant gewesen ist. In Wirklichkeit aber entstammt sie dem Milieu des uralten Lebensformen verhafteten normannischen Landadels, auch wenn ihr die immer wiederkehrenden und vom Verfasser intensiv erlebten Themen der Angst und des Blutes zugrundeliegen, die mit atavistischen regionalen und – warum nicht – familiären Traditionen verbunden sind.

Im Jahr 1052 kam bei einer Treibjagd in einem seiner großen Wälder im Pogebiet der mächtigste Mann Norditaliens, Bonifatius von Canossa, ums Leben. Es ging das Gerücht, man habe ihn mit giftigen Pfeilen ermordet. Jedenfalls sind Wald und Jagd auch hier wieder die Kulisse für den gewaltsamen Tod.

Der Dezember,
Einschaltbild aus dem Stundenbuch
des Duc de Berry, nach 1400

Die Verstricktheit dieser Welt,
Oberer Teil des Bestienpfeilers der Marienkirche
von Souillac, um 1130

Gewalt

Über den kriegerischen Wettstreit hinaus, der sich aus der Notwendigkeit der Verteidigung oder dem Eroberungswillen ergab, verlieh die Gewalt auch dem Verhalten der mittelalterlichen Menschen untereinander allgemein aggressiven Charakter (ein hinreichend bekanntes Phänomen). Wir kennen die Präsenz der Gewalt, wir wissen, daß sie einen wichtigen Aspekt mittelalterlicher Geschichte darstellt; wir sind jedoch noch längst nicht imstande, uns ein einigermaßen wirklichkeitsnahes Bild davon zu machen. Die Quellen wurden in der Absicht untersucht, mit ihrer Hilfe anderweitige Probleme (der wirtschaftlichen, gesellschaftlichen, politischen und kirchlichen Strukturen oder der Kultur) zu lösen; und selbst wenn sie zur Gewalt im mitmenschlichen Verhalten befragt wurden, dann häufig aus einer folkloristischen Optik oder zumindest nicht streng wissenschaftlich. Im übrigen hat die Geschichtsschreibung, die das Bild der Gesellschaftsstrukturen gezeichnet hat, ihr Interesse fast ausschließlich auf deren Funktionen, deren Beziehungen untereinander in bezug auf Macht und Grundherrschaft gerichtet. Offenkundig ist beispielsweise, daß die Geschichte des Feudaladels sich drängenden Fragen bezüglich der gewalttätigen Seite der Adelsschicht verschlossen hat, mit einigen Ausnahmen, wo Machtmißbrauch eingeräumt oder auch herausgestellt wurde. Dabei wurden jedoch andere Wesensmerkmale und Aufgaben stets in den Vordergrund gerückt: Verteidigen, Kämpfen, Geben. Oder das Problem der Gewalt wurde auf das der Ausbeutung (wie sie in der vollen Ausübung der Bannherrschaft vom 12. Jahrhundert an ausgemacht wird) reduziert und mit ihm gleichgesetzt; und gewiß wurde das Problem nicht mit dem Vorsatz erforscht, eine spezielle, aber in weiten Kreisen praktizierte Lebensform in ihren geistigen und materiellen Komponenten vor Augen zu führen: die zwischenmenschliche Gewalt. Die materiellen Gegebenheiten der Gewaltausübung sind – wenn sie nicht um ihrer selbst willen oder aus Gründen der Publikumswirksamkeit erforscht werden, sondern um einem Lebensstil eine konkrete Physiognomie zu geben –, die unabdingbare Grundlage für jeden, der eine Geschichte der Gewalt schreiben und aufzeigen will, was wir von der Vergangenheit mit uns herumtragen und was zumindest teilweise die »Rückfälle« in den immer wieder auftretenden Machtmißbrauch erklärt. Isoliert und auf sich selbst gestellt, ohne engen Zusammenhang mit anderen Objekten der Geschichtsforschung, wäre eine »Geschichte der Gewalt« jedoch unvollständig und unangemessen; sie wäre ihrer tiefsten Beweggründe beraubt, die ja zu einem Gutteil in den Wirtschafts- und Sozialstrukturen und in der Kultur (im weitesten Sinne) einer Epoche und ihrer einzelnen Perioden liegen. Darüber hinaus würde sie *einen* Aspekt der Geschichte einer Epoche hervorheben und dabei Gefahr laufen, ihn kurzschlüssig mit dieser zu identifizieren. Mit all diesen Vorbehalten in bezug auf das bisher Geleistete und das noch zu Leistende scheint es uns weder unmöglich noch unangebracht, die folgenden Betrachtungen anzustellen.

Eine Gewalttätigkeit mit breiter gesellschaftlicher Basis wird sowohl aus den Gesetzen der »Barbaren« als auch aus denen des Langobardenkönigs Rothari sowie anderen zeitgenössischen Quellen deutlich. Das bedeutet, daß in den ersten Jahrhunderten des Mittelalters die Gewaltausübung noch nicht Vorrecht einer Adelsschicht (die im übrigen damals noch gar nicht existiert, oder, wo sie existiert, nicht entsprechend repräsentativ ist), sondern gewissermaßen Praxis aller gegen alle ist. Schon damals ist sie in erster Linie von oben nach unten gerichtet: Es ist die Gewalt der Freien gegen die Sklaven. Darüber hinaus kennzeichnet sie die Beziehungen der Freien untereinander ebenso wie die der Sklaven zu ihresgleichen.

Im Edikt des Königs Rothari machen strafrechtliche Normen den größten Teil der Bestimmungen aus. Bemerkenswert ist die breite Kasuistik der Gewalttaten: Morde, Verletzungen durch die verschiedensten Waffen, mit mehr oder minder schweren Folgen, sowie Keilereien aller Art. Zahlreiche Normen beziehen sich auf Gewalttaten gegenüber Sklaven; aber auch die Zahl derer, die sich mit Streitigkeiten unter Freien befassen, ist nicht wesentlich geringer. Gerade die Vielfältigkeit der Vergehen und die strengen Strafen, die angedroht werden, weisen auf eingewurzeltes, alltägliches gewalttätiges Verhalten hin. Die schwere Strafe, die über jenen verhängt wird, der ohne Ankündigung nächtens den das Wohngebäude eines anderen schützenden Zaun übersteigt, deutet darauf hin, daß man in permanenter Alarmbereitschaft und in ständiger Gefahr lebte, die zwar abgewandt werden konnte, aber vermutlich nichtsdestoweniger belastend war. Einfriedungen aller Art sichern die Menschen und ihre Habe, vom Wohnhaus bis zum Acker oder Weinberg. Sie sollen menschliche Übeltäter gleichermaßen abhalten wie wilde Tiere. Wenn das Ausmaß der Gefährdung – die außer von den zwischenmenschlichen Beziehungen auch von einer seit Jahrhunderten weitgehend verwilderten Umwelt ausging – die Vielfalt der Verteidigungsmittel erklärt, so macht es freilich auch deutlich, daß es sich um ganz normale Lebensumstände handelte. Wir dürfen annehmen, daß die Angst gewiß existierte – und sich in besonderer Bedrängnis beträchtlich steigerte –, von den Menschen aber gleichsam absorbiert worden war. Sie war ein deren Seelenzustand unbewußt prägendes Element geworden und stellte ein zwar häufiges, aber nicht abnormes Vorkommnis dar. Unter bestimmten Umständen überschritt sie die Grenzen des Normalen und wurde »wirklich« Angst, Erregung, Panik. Gerade die Kenntnis dieser Umstände – die uns weitgehend unbekannt sind – könnte uns Aufschluß über die damaligen Ängste geben. Das Vertrautsein mit Krieg und Tod, mit Verwundungen und tödlichen Krankheiten schränkt den Bereich, in dem wir nach solchen Anlässen zur Angst forschen können, erheblich ein. Die Menschen, die uns in den zeitgenössischen Chroniken geschildert werden, scheinen sich vor ungewöhnlichen Himmelsphänomenen (Sonnen- und Mondfinsternisse, Kometen, Sternschnuppen) oder eingebildeten (wie die rötlichen Wolken, die wegen ihrer besonderen Formen für übernatürliche Pferde und gewappnete Reiter gehalten wurden, oder der mit rotem Sand vermischte Regen aus Afrika, den man mit Blut verwechselte) mehr zu fürchten als vor Kriegsereignissen und schweren Wetterunbilden.

Über Gewalt gegen Menschen, selbst in ihren brutalsten Erscheinungsformen, wird gewöhnlich ohne große Betroffenheit berichtet: Chroniken und Heiligenviten sind voll davon und führen uns Charaktere vor, die zu jähen Ausbrüchen neigen, gleichsam geladen sind von einer immerwährenden Spannung, die sie zur Gewalttätigkeit und zu gewalttätigen Lösungen im Umgang mit den anderen treibt. Einmal abgesehen von der Verurteilung der Gewalt seitens der Frommen und dem Vorbild der Friedfertigkeit, das die Mönche und Priester gaben (die mustergültigen, versteht sich), dürften aber auch die anderen – die Laien und die nicht die Kirchengesetze einhaltenden Geistlichen – nicht *nur* zur Gewalt geneigt haben, sondern zugleich von einer kompensierenden Gegenkraft davor zurückgehalten worden sein. Besonnenheit, Ausgeglichenheit und Mäßigung gelten nicht zufällig das ganze Mittelalter hindurch als die Gaben weltlicher Herren. Merkmale, die gewiß keine bloße Erfindung der Chronisten sein konnten, die sie zu erbaulichen Zwecken bestimmten Männern zuschrieben, gewöhnlich aber über die Personen und ihr Verhalten wohlinformiert waren. Die Palette der Gewalttaten ist schon aus den Gesetzen ersichtlich, sowohl aus den Normen, die sie nennen und verbieten, als auch aus den Androhungen schwerer Strafen, die vom Abhacken einzelner Gliedmaßen bis zur Tötung reichten, wobei häufig öffentlicher Strafvollzug angeordnet wurde. Gleichwohl wird die Vielfalt und Schwere der Fälle noch beträchtlich vergrößert durch die erzählenden Quellen, namentlich solche, die wie die Heiligenviten Blutvergießen verurteilen, ob es sich um die Bestrafung oder das Verbrechen selbst handelte. Berichte, wie ein Heiliger durch sein Eingreifen Gewalttaten verhindert, wie er sich weigert oder darauf verzichtet, eine schwere Strafe zu vollstrecken oder vollstrecken zu lassen, und wie er davor zurückscheut, die Schwachen zu unterdrücken (in diesen Fällen bekleidete der Heilige ein öffentliches Amt oder war ein Mächtiger), führen uns eine harte Realität alltäglicher Gewalttaten vor Augen. Da wird ein Unglückseliger, den man zu Unrecht beschuldigt, voreilig geblendet; Bauern werden bei der Feldarbeit von den Rotten des Herrn überfallen und verprügelt; andere werden für begangene Delikte weit mehr und härter bestraft als vom Gesetz vorgesehen. Doch auch das Gesetz selbst war, wie gesagt, durchaus nicht zimperlich; so daß Odo von Cluny lobend erwähnt, der heilige Gerald von Aurillac habe Gefangene, denen eine harte Strafe drohte, entkommen lassen. Die allgemein anerkannten Eigenschaften der Führer sind Kühnheit und Tapferkeit im Kampf; gleichwohl wird es – zumindest ist dies die Absicht der Kirchenmänner – auch sehr hoch eingeschätzt, wenn jemand seine Rachgier oder den Hang zur Gewalttätigkeit zu bezähmen weiß. Nicht wenige Könige verziehen Verrätern und Gewalttätern, wie Paulus Diakonus in seiner Geschichte der Langobarden berichtet. Eine nicht nur von großem Edelmut diktierte Handlungsweise, sondern die Haltung des Mächtigen, der sich zu mäßigen weiß, wenn ihm Schmach angetan wird. »Tapfer in der Schlacht, gnädig gegenüber den Missetätern«, so schreibt Paulus Diakonus über König Luitprand.

Die Art von Gewalttaten, die zusammen mit vielen anderen das beginnende 8. Jahrhundert prägten, sollte mit der Zeit zwar nicht verschwinden. Doch scheint ihre Häufigkeit zumindest generell nachgelassen zu haben, mit Ausnahme von Rückfällen und bedauerlichen Zunahmen unter bestimmten Umständen. Auch wenn wir über die Geschichte der Gewalt sehr wenig wissen, dürfen wir doch annehmen, daß mit der Festigung einer Klasse der Mächtigen Gewalt gleichsam zu deren Standesvorrecht wurde. Genauer gesagt: Gewalttätig waren offensichtlich viele; weil Macht und Waffen aber zunehmend Attribut einiger Weniger wurden, waren diese in hohem Maß in der Lage, Schwächere zu unterdrücken. Während es zur Zeit der Langobarden – wie aus dem Gesetz deutlich hervorgeht – die Freien waren, die Gewalt gegen Sklaven übten, so beziehen sich die Gesetze der Könige der karolingischen Zeit vornehmlich auf die Unterdrückung der Freien durch die Mächtigen, jener Adelsschicht also, die sich nunmehr auch in Italien allmählich als herrschende Klasse konstituierte. Im übrigen fügt sich das an die hohe soziale Stellung gebundene Gewaltvorrecht ein in den tiefgreifenden Wandel der Wirtschafts- und Sozialstrukturen sowie der kirchlichen Institutionen, den die adligen Großgrundbesitzer allmählich herbeiführten – in Italien wie anderswo. So wie der Grund und Boden nach und nach hauptsächlich in den großen Grundherrschaften, den *curtes*, konzentriert wurde, setzten sich deren Inhaber zunehmend als Verwalter des Staates durch und stellten auch Mitglieder in der kirchlichen Hierarchie. Gleichzeitig mißbrauchten sie ihre öffentlichen Ämter und die auf ihrem Reichtum beruhende Macht, um die Menschen und ihr Hab und Gut unter ihre Kontrolle zu bringen. Aristokratisierung der Gesellschaft bedeutete, wenn man so sagen darf, auch Aristokratisierung der Gewalt. Vor allem vom 10. Jahrhundert an waren die Mächtigen berufsmäßige Krieger. Die Kirche hatte sie zur Kriegerklasse *(ordo pugnatorum)* erklärt und ermahnt, sich nicht untereinander zu bekriegen und keine Gewalt gegen Wehrlose auszuüben. Sie übertrug ihnen den Schutz der Schwachen, der Staatsordnung sowie die Verteidigung und Ausbreitung der Kirche Gottes. Mit der Institution des Ritterstands wie auch mit der Einrichtung religiöser Ritterorden sollte der kriegerische *animus* des Adligen weiter entschärft werden: alles Lösungen oder vielmehr Lösungsversuche für das schwerwiegende Problem, das aus der Existenz eines von Beruf und aus Neigung kriegerischen Standes in einem Rahmen staatlicher Organismen erwuchs, in dem die Zentralgewalt nicht imstande war, diesen Stand wirksam, ja oft nicht einmal minimal, zu bändigen.

Zu Beginn des Mittelalters verbrachte in England ein Mann seinen Lebensabend im Kloster. Eines Tages suchten ihn Leute auf, die ein sehr lästiges Ansinnen an ihn stellten: Sie baten ihn nämlich, noch einmal in den Kampf zu ziehen, denn der Mann war früher König und ein tapferer Krieger gewesen. Er lehnte ab, die Besucher aber insistierten; sie setzten ihn unter Druck, indem sie ihm die schlimme Lage vor Augen führten, in der das Land sich befand: vor der Entscheidungsschlacht in einem schwierigen Krieg. Daraufhin willigte der Mann ein, noch einmal an der Spitze seines alten Heeres zu kämpfen, jedoch unter einer Bedingung: Er wollte niemanden töten und würde ohne Lanze oder Schwert, nur mit einem Stock bewaffnet kämpfen. Die Schlacht war fürchterlich, und der Mann, der einst König gewesen, fiel im Kampf, wie Beda Venerabilis, der von 673-735 gelebt hat, uns in seiner *Geschichte der Angeln* berichtet.

Ähnliches ereignete sich im Feudalzeitalter bei der schweren Schlacht zwischen den Truppen Berengars I. und denen Rudolfs von Hochburgund in dem zwischen Parma und Piacenza gelegenen Fiorenzuola d'Arda im Juli 923. Berengar war geschlagen, seine Leute wurden verfolgt und einer nach dem anderen ermordet, bis der Graf Gariardo, der zusammen mit einem gewissen Bonifatius die Gegner befehligte, schließlich rief, man solle mit dem Gemetzel aufhören, und den Befehl gab, die Lanzen verkehrt herum, an der Spitze, zu fassen, um den ohnehin schon versprengten Feinden keine schweren Verletzungen mehr zuzufügen.

Wenige Jahrzehnte zuvor hatte – so erzählt Odo von Cluny – auch Gerald von Aurillac von seinen Mannen verlangt, nach dieser Methode zu kämpfen, und der gnädige Gott – so fügt der Biograph hinzu – ließ sie dennoch siegen.

Diese Episoden – ob sie sich nun tatsächlich zugetragen haben oder nicht (oft bietet der Berichterstatter nicht jede Gewähr für genaue oder gar objektive Information) – machen die tiefe Abneigung deutlich, die viele gegen das Blutvergießen und die verbreitete, die Menschen materiell bedrohende Gewalttätigkeit hegten. Es ist die Reaktion auf eine gegenläufige negative Realität: Die Adligen liebten Krieg und Blut und machten auch vor dem schlimmsten Leid nicht halt.

Kurz vor dem Ende der Langobardenherrschaft in Italien ließ Aripert, nachdem er den Thron an sich gerissen hatte, den Sohn seines Rivalen blenden und schnitt dessen Frau und Tochter Nase und Ohren ab. Nur der blutjunge Liutprand konnte sich retten, weil er von kleinem Wuchs und zierlicher Gestalt war; man glaubte nicht, daß bei diesem Körperbau einmal ein kühner Krieger aus ihm würde. Er wurde aber nicht nur das, sondern man erhob ihn sogar zum König.

Alles was wir bisher angeführt haben, ist jedoch nichts gegen die noch weit abscheulicheren Gewalttaten, über die uns die mittelalterlichen Gelehrten mit Entsetzen berichten: allgemein übliche Vorkommnisse, die sich durch die Zeiten ziehen und in den Büchern der Chronisten düstere Zeichen setzen.

Die Geschichte der Langobarden ist vielfach gekennzeichnet von den Taten dieses rauhen und primitiven Menschenschlags, der – getrieben von leidenschaftlicher Machtgier und Rachsucht, von glühendem Haß und Neid – zwischen Kriegstapferkeit und Grausamkeit schwankt.

Wenige Jahrzehnte nach der Eroberung Italiens durch die Langobarden waren die Awaren, angeführt von ihrem König Cacan, in Friaul eingefallen, dem schwächsten Tor zur italienischen Halbinsel, dem Überfälle aus dem Osten immer wieder zusetzten. Herzog Gisulf starb im Kampf. Seine Gemahlin Romhilda machte sich daraufhin zusammen mit allen Übriggebliebenen daran, die wichtigste Stadt, nämlich Cividale zu verteidigen. Als der König der Awaren vor den Mauern Cividales angelangt war und die Frau ihn auf seinem Roß sah, jung und stolz im Kreise seiner Kämpen, da verliebte sie sich in ihn. Wie wir schon gesehen haben, wußte sie sich nicht zu zügeln und ließ ihm ausrichten, sie würde ihn in die Stadt einlassen, wenn er sie heiraten würde. Cacan willigte ein, und so eroberten die Awaren Cividale und plünderten die Stadt. Sie schleppten die Einwohner allesamt davon und brachten sie in ihr großes Feldlager jenseits der Alpen, das sie heiliges Feld nannten. Hier beschlossen sie, alle zu töten, bis auf die Frauen und Kinder, die sie als Sklaven halten wollten. Die Söhne des tapferen Herzogs Gisulf, auch die beiden jüngsten, die Sklaven werden sollten, konnten sich retten. Einer von ihnen namens Grimuald, der spätere Herr über das Großherzogtum Benevent, gab dabei eine frühe Probe der Tapferkeit, die er später gänzlich an den Tag legen sollte. Es gelang ihm nämlich sich zu retten, indem er den Soldaten, der ihn nach einem ersten Fluchtversuch in die Gefangenschaft zurückführen wollte, mit einem gezielten Stoß seines kleinen Schwertes vom Pferde stieß. Der kleine Krieger konnte auf diese Weise zu seinen Brüdern gelangen, die sich in Sicherheit gebracht hatten und über seine Tat sehr beglückt waren. Den Frauen drohte Vergewaltigung, nachdem die Männer umgebracht worden waren. Tatsächlich wurden alle vergewaltigt, bis auf die beiden Töchter Gisulfs, denen es gelang, die Vergewaltiger mit Hilfe einer List abzuschrecken: Sie steckten sich Fleischbrocken zwischen die Brüste und ließen sie dort verfaulen. Nun strömten sie einen derartigen Gestank aus, daß keiner sich an ihnen zu vergreifen wagte und sie als Sklavinnen verkauft wurden. Ihrer Mutter, die auf die Vermählung mit Cacan gehofft hatte, wurde ein grausiges Hochzeitsfest zuteil. Der König sagte ihr, er würde ihr die Ehe gewähren. Diese wurde dem Chronisten zufolge auf folgende Weise vollzogen: Zwölf Awaren vergewaltigten die Frau die ganze Nacht hindurch, und beim Morgengrauen gab der König ihr den »Ehemann«, den sie »verdient« hatte: einen hohen, spitzen Pfahl, der mitten im Feldlager stand und auf den sie aufgespießt wurde.

Wie um nach dieser grausigen Hinrichtung auf andere Gedanken zu kommen, unterbricht der Schreiber – Paulus Diakonus – an dieser Stelle seinen düsteren Bericht der Gewalttaten und erzählt ein paar Seiten lang von seiner Familie. Die Verbundenheit mit der Sippe, mit Haus und Familie bildet einen Kontrapunkt zu Romhildas traurigem Geschick. Diesmal haben die Awaren fünf Knaben der Familie, welcher der Chronist entstammt, in die Fremde verschleppt. Einer von ihnen, Lopichis mit Namen, (der Urgroßvater von Paulus Diakonus) konnte, als er groß geworden, dem Ruf der Heimat nicht widerstehen. Mit Köcher und Bogen und etwas Brot machte er sich durch die Alpenwälder auf den Weg nach Italien. Da begegnete ihm plötzlich ein Wolf, der ihn begleitete und durch die verlassene Gegend führte, bis der Mann, dem das Brot ausgegangen war, ganz schwach vor Hunger beschloß, den Wolf zu töten und zu verzehren. Er zielte mit Pfeil und Bogen auf das Tier, doch dieses verschwand. Doch Lopichis war es nun einmal bestimmt, an sein Ziel zu gelangen. Todmüde legte er sich schlafen, und so matt und verzweifelt wie er war, wollte er in seinem Innersten vielleicht nie mehr aufwachen. Da hatte er einen Traum. Er sah einen Mann, der zu ihm sagte: »Steh auf, nur Mut!

Nimm den Weg in die Richtung, wohin deine Füße zeigen, denn dort liegt Italien.« Er machte sich wieder auf den Weg und kam an ein Haus, in dem eine alte Frau wohnte. Sie hatte Mitleid mit dem Fremden und wohl auch ein wenig Angst vor ihm; jedenfalls steckte sie ihm so viel Nahrung zu, daß er sich zwar wieder auf den Beinen halten, sie aber nicht ausrauben und töten konnte. Endlich erreichte Lopichis seine Heimat: Das Dach seines Hauses war eingefallen; inmitten der Hausmauern, die noch übriggeblieben waren und zwischen denen Unkraut wuchs, erhob sich ein hoher Baum. Müde wie er war, hängte Lopichis daran seine Waffe auf, und so begann für ihn ein neues Leben. Sein Sohn Arichis wurde geboren, Arichis zeugte Warnefrit, Warnefrit zeugte Paulus und dessen Bruder Arichis, der den Namen des Großvaters erhielt.

Doch nach diesem Intermezzo, das eine ungewohnte Parenthese inmitten der berichteten Greuelgeschichten darstellt, beginnen diese dem Verfasser erneut aus der Feder zu fließen. Er erzählt, daß die Slawen Tribut an die friaulischen Herzöge Taso und Cacco, die Söhne des tapferen Gisulf, zahlten. Doch als die beiden dann im Frieden regierten, wurde dieser durch den byzantinischen Adligen Gregor jäh gestört. Der heimtückische Beamte hatte Taso versprochen, er würde ihn an Sohnes Statt adoptieren, und so begaben sich die beiden Brüder zu ihm nach Oderzo. Dort sollte Gregor Tasos Bart scheren und ihn durch dieses Zeremoniell zum Adoptivsohn machen. Kaum aber hatten die beiden samt Gefolge die Stadt betreten, da merkten sie, daß hinter ihnen die Tore geschlossen wurden und sie getötet werden sollten. Es blieb ihnen nichts anderes übrig, als einander Lebewohl zu sagen, sich auf Straßen und Plätzen davonzumachen und bis zum Letzten um ihr Leben zu kämpfen. Sie wurden alle ermordet. Gregor erfüllte sein Versprechen auf seine Weise: Er ließ sich Tasos abgeschnittenen Kopf bringen, schor ihm den Bart und adoptierte ihn somit als Sohn.

Der Würgeengel,
Detail des Kapitells der Kirche von Saint-Nectaire
(Puy-de-Domme), 12. Jh.

Herzog Johann I. von Bramante in der Schlacht,
Große Heidelberger Liederhandschrift,
um 1310-1340, Zürich

Der Krieg

Während des gesamten Mittelalters verurteilten die Kirchenmänner das Blutvergießen, mit Ausnahme der Fälle, wo sie es, um der Verteidigung oder Ausbreitung der Kirche Gottes, des Schutzes der Schwachen und der Wahrung der Staatsordnung willen je nach Ort und Zeit (und dem Intellektuellen, der darüber schrieb) mehr oder minder glühend rechtfertigten. Lesen wir die Abhandlungen, Homilien und Heiligenviten, so gewinnen wir gleichwohl den Eindruck, daß die Anwendung physischer Gewalt mit oft schrecklichen Folgen die Autoren abstieß. In Wirklichkeit ist diese Einstellung aber eher eine Lehrmeinung als eine tiefe Überzeugung: Sie wird dargelegt, doch in der Schilderung der Geschehnisse, in den Berichten über das Leben und die Taten kampfesmutiger Laien spüren wir oft eine subtile, mitunter sogar offene Billigung der Gewaltanwendung und des Todes auf dem Schlachtfeld. Die Forschungsarbeiten über Klerus und Laienadel haben sich zu sehr auf die Trennung der beiden Bereiche, die Aufteilung in zwei Funktionssphären, in zwei verschiedene Kulturen (im weitesten Sinne) versteift. In Wirklichkeit besaßen auch die frommen Ordensbrüder, die ja oft adligen Familien entstammten und ohnehin in einer Zeit der Krieger lebten – Krieger waren zunächst alle Freien, später dann fast ausschließlich die Adligen –, eine persönliche Kultur, die tiefer verwurzelt, untergründiger und beständiger war als jene, die sie offiziell an den Tag zu legen hatten und an die sie oft nur gezwungenermaßen glaubten.

Ein so gebildeter und beredsamer, frauenfeindlicher und moralistischer Kleriker wie Liutprand, der nachmalige Bischof von Cremona, der um die Mitte des 10. Jahrhunderts schreibt, hat, wenn er begeistert ein Ereignis schildert, nur Augen für kriegerische Ruhmestaten (wenn wir so sagen

dürfen). So zum Beispiel beim Tod Ansgars, des Herzogs von
Spoleto, eines Draufgängers, den er dem gewitzten und be-
sonnenen Stiefbruder Berengar von Ivrea, dem späteren König von Italien, vorzieht. Wie Liudprand berichtet, wollte
Hugo, der damalige König, Ansgar umbringen lassen, obwohl er mit ihm blutsverwandt war. Nach einem ungleichen
Kampf ist Ansgar, besiegt von der Übermacht der Feinde,
dem Tode nah. Vor sich hat er nun einen der feindlichen
Anführer, einen Verräter, der sich auf ihn stürzt, da er ihn so
übel zugerichtet und mit abgebrochener Lanze ohne Eisen
und Spitze sieht; mit diesem Waffenstumpf indes wirft sich
Ansgar zu Pferd auf den eidbrüchigen Vasallen und rammt
ihm den abgebrochenen Schaft mit solcher Wucht in den
Mund, daß er blutig aus dem Kopf ragt. Dann faßt er das
blanke Schwert und metzelt viele nieder, bis sie ihm in großer Zahl zu Leibe rücken und das Pferd nach hinten in ein
tiefes Loch gleitet und ihn am Boden zerstampft, während
ein Pfeilhagel ihn tötet. Der physische Aspekt der Schlacht –
von der die hier wiedergegebene Episode nur ein kleiner Teil
ist – wird mit akkuratem und wohlwollendem Realismus geschildert. Verurteilt werden lediglich die zahlenmäßige
Überlegenheit des Feindes, das vom König eingefädelte Täu-
schungsmanöver, der Verrat des Vasallen und schließlich die
aus dem Tod eines tapferen Kämpfers schmählich erwachsene Genugtuung Hugos und des neuen Herzogs von Spoleto.

Auch über die erbitterte Schlacht von Fiorenzuola d'Arda,
die im Juli 923 mit der Niederlage Berengars endete, liefert
uns Liudprand einen genauen Bericht. Darin läßt er sich
lang und breit über das schreckliche Blutbad auf beiden Seiten aus, ohne Mitgefühl erkennen zu lassen. Er erwähnt lediglich, daß zum Schluß einer der Anführer seinen Mannen
befohlen habe, das Blutvergießen zu beenden, als Berengars
Leute vernichtend geschlagen die Flucht ergriffen. Darauf
folgt der Bericht über die Ermordung Berengars, der hinter-
rücks erstochen wurde und vor einer Kirche in Verona starb.
Das Blut sei reichlich auf einen Stein an der Kirchentür ge-
flossen, und noch zu Zeiten Liudprands sei es, so schreibt
dieser, niemandem gelungen, es abzuwaschen. So künde der

rote Fleck, fügt er hinzu, von der Niedertracht dieser mit List und Betrug vollbrachten Tat.

Nicht lange vor dieser Zeit legt Odo, der zweite Abt von Cluny, in seinen Betrachtungen über den Krieg und in der Schilderung des Verhaltens des heiligen Gerald von Aurillac eine schwere Gewalttaten keineswegs gutheißende Einstellung an den Tag. In seinen *Collationes* wünscht er dem Adligen, dem Gott das Schwert anheimgegeben hat, auf daß er die Gesellschaftsordnung aufrechterhalte, er möge es IHM dereinst zurückgeben können, ohne es mit Blut befleckt zu haben. In der Biographie des heiligen Gerald legt er Wert auf die Feststellung, der Graf habe nie irgend jemandem eine Verwundung zugefügt, ja er habe sogar seinen Mannen befohlen, mit umgedrehten Lanzen zu kämpfen, als die kriegerische Auseinandersetzung unumgänglich war. Ein nicht realisierbarer frommer Traum – unannehmbar in einer Gesellschaft, in der die Anwendung von Gewalt für die fast zum Alltag gehörende Verteidigung erforderlich war. In den späteren, überarbeiteten Fassungen der Gerald-Biographie wurde diese Textstelle denn auch gestrichen, ebenso wie fast alle anderen, die Gerald als mönchisch-domestizierten Laien darstellen wollen. Doch abgesehen von seiner Ablehnung der Gewalt entgeht auch Odo nicht der Anziehung der Körperkraft und sportlichen Gewandtheit, wenn er sich bei der Schilderung des Alltagslebens seines Heiligen darin gefällt, eben dessen Kraft zu rühmen und eigens erwähnt, der Graf sei imstande gewesen, beim Laufen über einen Pferderücken zu springen. Auch für einen Geistlichen wie den zweiten großen Cluniazenser Abt – den Theoretiker der zum Schutz der Schwachen und zur Bändigung der Gewalttätigen gezähmten Kraft – war das, was die Substanz des adligen Lebens kennzeichnete, also Geschicklichkeit im Gebrauch der Waffen und Behendigkeit des Körpers, etwas, wovon man sich nur schwer lösen konnte. Dies können wir uns nur erklären, wenn wir bedenken, daß die Eignung zum kriegerischen Wettstreit in jeder Gesellschaftsschicht, in jedem Funktionsbereich (kirchlich oder weltlich), also auf einer (im weitesten Sinne) kulturellen Mentalitätsebene als die Tugend schlechthin betrachtet wurde; dergestalt, daß sie sogar in einem die

Gewalt beharrlich anprangernden Mönch die Saiten des Gefühls zum Schwingen brachte.

Bei den Autoren des 10. Jahrhunderts erscheinen Krieg und Kampfestraining bereits als die Funktionen einer begrenzten Schicht, nämlich des Adels; der kriegerische Wettstreit wird als Geste des Muts und der Kraft einzelner, eben der Mitglieder des Adelsstands dargestellt; oder auch als kennzeichnend für die Haltung einer dem Adel angehörenden Familiengruppe (im weitesten Sinn). So ist in den *Gesta Berengarii* die Rede von der Tapferkeit der *Supponiden*, in der Quelle so benannt nach dem Namen *Suppo*, der in verschiedenen, durch Blutsverwandtschaft miteinander verbundenen Adelsfamilien häufig vorkam. Die literarische Darstellung spiegelte eine tiefgreifende Entwicklung wider, die sich vom 8. bis zum 10. Jahrhundert in der europäischen Gesellschaft vollzogen hatte: die zunehmende Beschränkung des Verteidigungsprivilegs auf die Berufskrieger, die nun jene schützen sollen, die sich hingegen dieser Aufgabe und damit auch ganz allgemein jedweder öffentlichen Einflußnahme beraubt sehen. Schon im 9. Jahrhundert werden viele Freie – kleine oder mittlere Grundbesitzer – nicht mehr zu den Waffen gerufen, während sie zugleich des Rechts und der Pflicht verlustig gehen, Gerichtsprozessen beizusitzen, Brücken und Straßen zu bauen und andere öffentliche Tätigkeiten zu übernehmen. Es handelt sich um ein von Gebiet zu Gebiet ganz unterschiedlich ausgeprägtes Phänomen; in Italien zum Beispiel war es viel weniger einschneidend als in Frankreich. Gleichwohl ist damit der Weg gebahnt für einen Aristokratisierungsprozeß der Gesellschaft, der sich mit der Zeit verstärken und auch die wirtschaftliche, religiöse und kulturelle Sphäre erfassen sollte. Er vollzog sich in den einzelnen Bereichen mit unterschiedlichen Akzentuierungen, wirkte sich jedoch auf alle aus: Wer aufgrund des vom König gewährten Rechts zum Kriegsdienst, zum Vorsitz oder Beisitz bei Prozessen oder zu anderen öffentlichen Aufgaben verpflichtet war, sorgte im allgemeinen bald dafür, daß er von seinem Amt profitierte, indem er sich bereicherte, wie aus den karolingischen Gesetzen immer wieder deutlich wird. Soweit die Auswirkungen des Aristokratisierungsphänomens auf den wirtschaftlichen Bereich. Auf der kulturellen Ebene wird die Theorie der drei *ordines* (Krieger, Priester, Bauern) erst später herausgearbeitet; dennoch besteht angesichts der veränderten Realität das Bedürfnis, die Gesellschaft anders darzustellen als in der Vergangenheit. Aber noch im 9. Jahrhundert beschreiben Annalistik, Chronistik und Geschichten kriegerische Aktionen ganzer Völker oder ihrer Heere oder der Befehlshaber, *die sie führen*, während Schilderungen von Gefechten einzelner (die wiederum oft, wenn auch nicht explizit, mit der Kriegstüchtigkeit der Völkerschaft oder der Sippe im Sinne einer breiten Stammesgruppierung in Zusammenhang gebracht werden) in den Hintergrund treten. Paulus Diakonus, der in der zweiten Hälfte des 8. Jahrhunderts schreibt, nachdem das Langobardenreich in die Hände der Karolinger gefallen war, berichtet, Gisulf, der Neffe Alboins, habe die besten *Farae* (Sippen) angefordert, jene, die eine gesicherte Tradition hohen Kampfesmuts besaßen, bevor er die Führung Friauls übernahm, des Grenzgebiets, das erfahrener Krieger dringend bedurfte. Der König bewilligte ihm dies ebenso wie Scharen stattlicher Rosse, die zur Verteidigung jener Gebiete gleichermaßen unerläßlich waren. Die Kämpfe in Friaul zogen sich lange hin, und Awaren und Slawen hatten Gelegenheit, Gisulf und seine *Farae* auf eine harte Probe zu stellen: Der Herzog fiel mit seinen Mannen in der Schlacht, Cividale wurde geplündert. Die mit dem Blut an die Abkömmlinge des Geschlechts weitergegebene Kraft und Tapferkeit werden von Paulus Diakonus auch hervorgehoben, als er von König Rothari, dem vielleicht mutigsten Langobardenkönig, zu berichten beginnt: »Nachdem Hariwald zwölf Jahre lang über die Langobarden geherrscht hatte, starb er. Dann wurde Rothari, *Harude von Geschlecht*, zum König der Langobarden erhoben.«

Bereits in der Langobardenzeit und auch schon früher und anderswo in Europa ragten die Heeresführer unter den anderen Kriegern heraus, und tapfere Führer hatten tapfere Abkömmlinge, welche die Tradition von Mut und Kraft auf einen engeren Kreis innerhalb des Geschlechts beschränkten. Nach und nach schälten sich Familien (im weitesten Sinn) von Berufskriegern heraus, sei es wegen des Erfordernisses einer immer komplexeren militärischen Ausbildung angesichts der Eindringlinge aus dem Osten, die schwierige Kampftechniken beherrschten, sei es wegen der Notwendigkeit, mit Hilfe von Familien von Getreuen, die oft verwandtschaftliche Beziehungen zum König hatten, die zunehmend zentralisierten staatlichen Organismen besser zu kontrollieren, sei es aus dem Bedürfnis heraus, in den Grenzgebieten, die von den Karolingern immer weiter ausgedehnt wurden, Vertrauenspersonen einzusetzen, sei es wegen der Entwicklung der großen Grundherrschaften zu Orten der Machtausübung, sei es schließlich wegen der Herausbildung neuer Beziehungen persönlicher und feudaler Art zwischen den Menschen. Ein ganzes Bündel von Faktoren – denen jedoch allen die Notwendigkeit von Angriff und Verteidigung zugrundelag – führte also dazu, daß sich aus der ursprünglichen, von Führern geleiteten Kriegermasse eine Kriegerklasse herauslöste. Jahrhundertelang sollte der Adel diese Konnotation als Kriegerklasse nicht verlieren. So hören wir noch den Baron de Charlus in Prousts *Auf der Suche nach der verlorenen Zeit* sagen: »Ich weiß, daß es sich nicht gehört, von den Tugenden der eigenen Familie zu sprechen. Aber es ist ja bekannt, daß die Unsrigen in den Stunden der Gefahr immer ganz vorne standen. Unser Schlachtruf war *Passavant*, nachdem wir den der Herzöge von Brabant aufgegeben hatten. So ist es alles in allem ziemlich berechtigt, daß wir das Recht, überall die ersten zu sein, welches wir im Krieg jahrhundertelang für uns beanspruchen durften, dann auch am Hof erhalten haben. Und Potzblitz, hier hat man es uns stets zugestanden.«

In der Stadt Oderzo hatten die Langobarden sich tapfer verteidigt, in Übereinstimmung mit all den Heldentaten, die Paulus Diakonus seinem Volk zuschreibt, das sich stets ehrenhaft schlägt, ob es seine Schlachten verliert oder gewinnt – ein Volksepos, aus dem sich jedoch immer deutlicher die Führergestalten herausheben. Mit der zunehmenden Aristokratisierung der langobardischen Gesellschaft wendet der Verfasser seine Aufmerksamkeit fast ausschließlich ihnen zu. Auch mit der fortschreitenden Festigung einer Feudalgesellschaft nach der Eroberung Italiens durch die Karolinger wird das Volksepos, wie gesagt, weitergeführt, aber die Verherrlichung der Kriegstüchtigkeit des Adligen tritt in den Vordergrund. Aus dem Heer wurde im Lauf der Zeit die kleine, berittene Gefolgschaft eines Herrn, Grafen, Herzogs oder Königs, auch wenn hinter den angesehensten Rittern noch für eine Weile die gelichteten Reihen der Abkömmlinge der freien langobardischen Krieger antreten sollten. Was Paulus jedoch am meisten am Herzen liegt, sind die Taten seines Volkes als Gesamtheit und die sagenumwobene Zeit, da es aus den kalten Landen Skandinaviens durch Europa zog und bis nach Italien vorstieß. An der Grenze Kalabriens angelangt, schlug Authari, der vielleicht ruhmreichste Langobardenkönig, an der Meerenge, jenseits derer Sizilien zu sehen war, mit der Lanze gegen eine aus dem Meerwasser ragende Säule und rief: »Hier soll die Grenze des langobardischen Volkes sein!«

Faszinierende Sagen berichten uns davon, wie dieses Volk durch die weiten Ebenen Mitteleuropas zog, siegreich und gnadenlos im Kampf wie kaum ein anderes. So ragen schon an den Ursprüngen seiner Geschichte legendäre Gestalten hervor, wie die des zweiten Königs der Langobarden namens Lamisio (von *lama*, was in der langobardischen Sprache u. a. Sumpf bedeutet). Denn dort war er, zusammen mit sechs Brüdern, von der unbekannten Mutter verlassen und von Agilmund, dem ersten Langobardenkönig, in einem Tümpel gefunden worden. Mit dem Speer habe der König in dem Gewirr kleiner Leiber herumgestochert, als sich plötzlich ein Händchen nach dem Speer streckte und ihn kraftvoll ergriff: Es war der zukünftige König der Langobarden, den Agilmund an Sohnes Statt annahm und Lamisio nannte. Er warf die Bulgaren nieder und rächte auf diese Weise den Adoptivvater, den diese getötet hatten, und soll auch die schrecklichen Amazonen besiegt haben.

Dem Leben wurde der Tod vorgezogen, wenn letzterer der Beweis für Kriegstapferkeit war oder vom Verdacht der Feigheit reinigte. Und in der Schlacht bedeutete mutig zu sein oft den Tod. Eine Episode, die uns Paulus Diakonus berichtet, blieb wohl für lange Zeit ins Gedächtnis des Langobardenvolks eingegraben und stellte vermutlich alle anderen in den

Schatten, wenn es darum ging, das Bild eines blutigen Massakers und der unbeirrbaren Bereitschaft, sich vernichten zu lassen, vor Augen zu rufen. Zu dem Ereignis kam es, als die Langobarden schon Jahrzehnte in Italien herrschten und lediglich die Grenzen ihres Reichs zu verteidigen hatten. Im Nordosten lag das stets von den Überfällen der Slawen bedrohte Herzogtum Friaul, das zu jener Zeit von Ferdulf, einem hochmütigen, aber tapferen Mann regiert wurde. Während eines Angriffs der Slawen gelang es dem Kommandanten eines lokalen Truppenverbands nicht, diese einzuholen, nachdem sie ein paar Hirten überfallen und die Flucht ergriffen hatten. Der Führer der kleinen langobardischen Kriegerschar hieß Argaid – ein Name, der leicht zum Spott Anlaß gab, denn *arga* bedeutete Feigling. Dies machte sich Herzog Ferdulf zunutze und rief ihm hochmütig zu: »Wann kann aus dir ein tapferer Krieger werden, da dein Name doch von *arga* kommt?« Der derart Geschmähte, in Wirklichkeit ein tapferer Mann, entgegnete ihm, er würde ihm schon zeigen, wer von ihnen beiden ein Feigling sei. Die Gelegenheit dazu bot sich, als sich auf einer schwer zu erklimmenden Anhöhe eine nach Friaul vorgedrungene Rotte Slawen sammelte. Der Herzog und der andere standen mit ihren Leuten unterhalb des Hügels. Ferdulf suchte nach dem weniger steilen Weg, um die Slawen anzugreifen. Da jagte Argaid sein Roß den steilsten Hang des Bergs hinauf und forderte den Herzog auf, ihm zu folgen, wenn er den Mut dazu habe: Dann würde jedermann sehen, wer von ihnen der Hasenfuß sei. Der Herzog folgte ihm mitsamt seinen Kriegern. Es wurde ein Gemetzel: Die Feinde besiegten sie, ohne auch nur Lanze oder Schwert zu gebrauchen; sie griffen sie mit Steinen und Streitäxten an und stießen sie von den Pferden, auf denen sie sich an dem steilen Hang nur mit Mühe halten konnten. Fast alle kamen ums Leben, auch der Herzog und der Mann, den er beleidigt hatte.

Heldentaten von Truppen und Einzelnen füllen den Bericht des Paulus Diakonus, ein Zeugnis der Größe des Volkes, dem der Verfasser angehört, und zugleich eine schmerzliche Erinnerung, denn er schreibt sein Werk, als das Langobardenreich bereits von Karl dem Großen erobert ist. Über das Ende des Langobardenreichs hat uns Paulus nichts überliefert. Schandtaten, Verrat, die Schwächen langobardischer Führer waren vermutlich der Grund, warum er es unterließ, darüber zu berichten – er, der bei der Aufzählung der Vorzüge Liutprands, den er für den klügsten und frömmsten König seines Volkes hält, an erster Stelle »große Tapferkeit im Kampf« nennt. Als Beweis dafür führt er eine Begebenheit an, die uns umso mehr erstaunt, wenn wir bedenken, daß Liutprand, soviel wir wissen, kein sonderlich kräftiger Mann war: Als dieser König erfuhr, daß zwei seiner Krieger ihn ermorden wollten, ging er mit den beiden in einen dichten Wald, zog sein Schwert und forderte sie auf, sich mit ihm zu messen; da warfen sie sich ihm voller Schrecken zu Füßen.

Kriegstüchtigkeit galt bei Laien wie bei Geistlichen mehr denn jede andere Fähigkeit als Merkmal der voll entfalteten Persönlichkeit des Mannes, selbst wenn er dann darauf verzichtete, vielleicht um sich einem anderen Kampf zu verschreiben: dem gegen Satan und seine Versuchungen. Die beliebtesten Heiligen waren die heiligen Krieger, und oft stellte man sich vor, sie würden auf die Erde zurückkehren, um zu kämpfen und das, was sie als Lebende so gerne taten, erneut leiblich zu erfahren. Wieder Heere zu führen, die Feinde in Schrecken zu versetzen, Lanze und Schwert zu ergreifen und durchs Schlachtgetümmel zu reiten, das war es, so glaubte man, wonach sich die Verstorbenen sehnten, nicht anders als die Lebenden. In der ersten Zeit der Eroberung Italiens durch die Langobarden hatte Herzog Ariulf von Spoleto, ein tapferer Soldat, eine Schlacht zu schlagen, die anders war als das, was er gewohnt war. Während er tapfer gegen die byzantinischen Truppen stritt, sah er sich immer wieder bedrohlichen Angriffen des Gegners ausgesetzt. Doch ein ihm unbekannter Krieger verteidigte ihn beharrlich und mit großer Kühnheit. Nachdem die Schlacht siegreich beendet war, fragte der Herzog – wie Paulus Diakonus berichtet – seine Leute, wer sich in diesem Gefecht am besten geschlagen habe. »Keiner hat die Waffen besser geführt als du, oh Herzog!« gaben sie ihm zur Antwort. Er jedoch bestand darauf, daß ein anderer ihn weit übertroffen habe, und ging nachdenklich davon. In Spoleto angelangt, trat er in eine dem heiligen Savinus geweihte Kirche, die er noch nie besucht hatte. Als er die Wände ansah, stutzte er: Er hatte in den Zügen des dort dargestellten heiligen Savinus die des hochtapferen Soldaten wiedererkannt, der ihm das Leben gerettet hatte. Er mochte nicht glauben, daß ein Toter auf die Erde zurückkehren könne, um an der Seite der Lebenden zu kämpfen. Doch der tapfere Herzog war ja Heide, wie Paulus Diakonus zu den Zweifeln des Herzogs ironisch anmerkt; sonst hätte er wie die zum katholischen Glauben bekehrten Krieger die Angelegenheit für völlig normal gehalten. Lange Zeit später, als die Langobarden größtenteils zum Katholizismus konvertiert waren, verlor der Gegenkönig Alahis, als er in den Reihen seines Feindes Cunincpert den kriegerischen Erzengel Michael zu erblicken glaubte, sogleich den Mut, in diese für ihn entscheidende Schlacht zu gehen. Da half es auch nichts, daß einer der Seinen ihm sagte, daß er einer Täuschung erlegen sei und das Bild nur mit den Augen der Angst gesehen habe: Er ließ sich töten. Sein Leib wurde, wie wir schon geschrieben haben, auf grausige Weise verstümmelt. Man schnitt ihm den Kopf ab und brach ihm die Knie. Nichts als eine unförmige Masse blieb von dem tapferen Mann, der in einer früheren Schlacht – beschämt darüber, einen mit dem Helm getarnten und die gleichen Waffen wie König Cunincpert tragenden Diakon getötet zu haben – ausgerufen hatte: »In dieser Schlacht haben wir nur einen Pfaffen töten können! Wenn Gott mich in Zukunft siegen läßt, gelobe ich, einen ganzen Brunnenschacht mit Pfaffenhoden zu füllen!«

Szene aus dem Wandteppich von Bayaux,
um 1095

Otto III.,
Bildnisminiatur aus dem Evangeliar Ottos III., 1010, München

Der Adel

In einer Zeit, in der es undenkbar war, die Einzelperson losgelöst von der Gruppe zu sehen, der sie angehörte, wurzelten ihr Wert und ihre Fähigkeiten in der Kontinuität der Familie bzw. der Sippe und darüber hinaus, vor allem im frühen Mittelalter, des Volkes. *Geschichte der Franken, Geschichte der Langobarden, Geschichte der Sachsen, Geschichte der Angeln:* eine andere Art der Berichterstattung war nicht möglich. Paulus Diakonus hat uns ein kurzes, aber fesselndes Epos über sein Volk, die Langobarden, hinterlassen, deren Kriegstüchtigkeit, Edelmut und Kraft er preist und deren Schwächen er beklagt. An einer Stelle seiner Chronik schiebt er die Geschichte seiner eigenen Familie ein und blickt dabei zurück bis auf die Zeit seines Urgroßvaters: eine beträchtliche Leistung für jene an Geschriebenem so arme Zeit und ein Beweis für seinen starken Drang, die Überlieferung des Lebens, der Tugenden und Schwächen zurückzuverfolgen. Schon früher hatte er jedoch berichtet, in seiner Heimat Friaul hätten sich, als König Alboin nach Italien vordrang, die besten Stämme niedergelassen: Auch seine Familie zählte also dazu, sie stammte von einem der besten Geschlechter ab. Adel war also die mit dem Blut ererbte ruhmreiche Tradition, die zu jener Zeit vor allem auf Kraft, Kriegstüchtigkeit und Mut beruhte. Viele Jahrhunderte später, mitten im 14. Jahrhundert, nannte man die Arbeiter und armen Handwerker, die sich in Florenz gegen die bestehende Ordnung auflehnten, »Namenlose« oder »gestern Geborene«, im Gegensatz zu jenen, deren Reichtum und Macht über lange Zeitläufe hinweg überliefert und dadurch legitimiert waren. Dies war auch die Zeit, da die großen Familien sich Ahnen suchten, deren Stammbaum Jahrtausende zurückreichte, in dem Glauben, nur ein solcher fast unmeßbarer Zeitraum könne ihre adlige Abkunft voll und ganz belegen. In den ersten Jahrhunderten des Mittelalters konnten Kriegsereignisse, aber auch ganz allgemein die Schwierigkeiten des Lebens den Adel eines Geschlechts, ja eines ganzen Volkes gefährden und erlöschen lassen. Adelssippen wurden daher geboren und gingen wieder unter. Sie wechselten rasch, und sogar Sklaven konnten gesellschaftlich aufsteigen und in den Besitz der Freiheit – gleichbedeutend mit Adel – gelangen. In der Schlacht versprach der Langobardenkönig Lamisio den Sklaven die Freiheit als Lohn für Tapferkeit. Später, unter den karolingischen Königen, wurden denen, die sich als unwürdig erwiesen, sogar höchste Ämter wieder entrissen. Im Karolingerreich gewährleistete nach dem 8. Jahrhundert allein die Königssippe einem Großteil ihrer Mitglieder die Weitergabe von Grundbesitz und Macht. Für alle anderen erschwerte die dramatische Unsicherheit des Lebens, die auch die Wirtschaft, die Gesellschaft und die Institutionen erfaßte, die Vererbung der Adelsprivilegien. Später, vor allem vom 12. Jahrhundert an, genügte dann die Geburt, um dem Adligen das untilgbare Zeichen eines hohen sozialen Ranges zu sichern.

Genügten in den Biographien frommer Männer des 5., 6. und 7. Jahrhunderts Weisheit, Edelmut, Enthaltsamkeit, Mäßigung im Essen und Trinken und oft ein Leben als Einsiedler, sie für heilig zu erklären, so fühlten sich die Verfasser der Heiligenviten vom 10. Jahrhundert an bemüßigt, auch die adlige Herkunft dieser Menschen nachzuweisen, die eine höhere Stufe der geistigen Vollkommenheit erreicht hatten als andere. In nicht geringe Verlegenheit mußte der Verfasser der Biographie des heiligen Johannes von Gorze geraten, des großen benediktinischen Reformers, der im 10. Jahrhundert gelebt hat und nicht aus adliger Familie stammte. Der Autor gibt sich deshalb alle Mühe zu beweisen, daß die Eltern des Heiligen wohlhabende Leute gewesen seien, doch verrät jedes seiner Worte die nicht gerade glänzende Situation dieser Familie in einer Zeit, da Freiheit und ein gewisser Wohlstand allein nicht mehr ausreichten, um sich adlig nennen zu dürfen. Die Gesellschaft war nunmehr von jenem fortschreitenden Aristokratisierungsprozeß erfaßt, der alle

Aspekte menschlicher Tätigkeit, die heiligmachende Lebensführung eingeschlossen, kennzeichnete. Gerade die Geistlichen neigen dazu, in ihren Schriften über religiöse Lebensführung die Weitergabe des Adels durch die Zeitläufe neben die Tradition eines vornehmlich dem Gottesdienst, der Wohltätigkeit und dem Gebet gewidmeten Lebens zu stellen. Der Vater des heiligen Gerald, der aus einer aristokratischen Familie stammte, pflegte zeitweise nicht einmal mit seiner eigenen Frau zu schlafen: gleichsam als Vorbild für die absolute Keuschheit des Sohnes. Der Biograph berichtet uns von dieser Gewohnheit fast mit der gleichen Genugtuung, mit der er die illustren, mit dem Königsgeschlecht verwandten Vorfahren der Familie aufzählt.

Im späten 13. Jahrhundert soll der französische König Ludwig der Heilige seinem Biographen zufolge einen Lehrer der Sorbonne ermahnt haben, sich in Anbetracht seiner niedrigen Abstammung nicht zu vornehm zu kleiden. Gleichzeitig jedoch folgte er seinem christlichen Gefühl, als er einem anderen, der dem Lehrer der Sorbonne die gleiche Rüge erteilt hatte, den Rat gab, dies nicht mehr zu tun, weil der Lehrer darunter leide. Sicher ist, daß der Biograph Ludwigs des Heiligen, der berühmte Sire de Joinville, keine Nachsicht mit jenen hatte, die minder adelig als er oder überhaupt nicht adelig waren; oder jedenfalls mit jenen, die die von der Hierarchie diktierte Etikette nicht einhielten. Der Formalismus sollte mit der Zeit immer starrer werden: Saint-Simon, ein anderer berühmter Biograph eines berühmten Königs, räumt dem Bericht über die Adelsabstammung der französischen Familien und ihrer Unterwerfung unter die Etikette reichlich Platz ein. Noch nachdrücklicher als Saint-Simon beharrt Prousts Baron Palamède de Charlus auf seiner Überzeugung, der vornehmsten Familie Frankreichs anzugehören; alles, was er über seine Familie hinsichtlich ihres Adels, ihrer zahlreichen Titel, ihrer Vorrechte und Privilegien sagt, schmeichelt seinem selbstgefälligen Adelsstolz.

Man vergesse jedoch nicht, daß Charlus vor allem auf eines Wert legt: klarzustellen, daß seine Vorfahren stets die ersten waren, die in der Stunde der Gefahr zum Kampf stürmten; dies ist der Ausweis, der die Jahrhunderte überdauert hat und die Privilegien des Geschlechts der Guermantes, dem Palamède de Charlus angehört, rechtfertigt.

Die Verkörperung dieses ältesten, ursprünglichsten Aspekts der Adelstradition, des Mutes, ist freilich nicht unser Baron, sondern dessen Neffe Robert de Saint-Loup, der sich als junger Offizier auf dem Schlachtfeld opfert, um seine Leute zu retten. Nach einem Leben als demokratischer Intellektueller und *viveur*, der um jeden Preis intelligent und weltoffen erscheinen will, gelangt er erst im Sterben zur eigentlichen Höhe seiner selbst; dieser Augenblick des Mutes läßt den Schriftsteller Proust all jene Seiten der Persönlichkeit Saint-Loups erkennen, die er vorher nicht bemerkt oder schlicht unterschätzt hatte: »den Schwung des Angriffs«, den dieser, »selbst wenn er saß, selbst wenn er einen Salon durchschritt, immer in sich zu tragen schien«; die Art, wie er eines Abends einen frechen Journalisten geohrfeigt hatte, der es an Höflichkeit hatte mangeln lassen; die Naivität und Kraft seiner Liebesgefühle; den unbezähmbaren Willen, der sich in seinem dreikantigen Kopf mit dem festen, blauen Blick verbarg. Das Tüpfelchen auf dem i, das Siegel auf ein Leben, das sich im Grunde nur scheinbar vom Ende unterschied, ist das Symbol der Guermantes, das große »G« an der Bahre, das davon kündet, daß dieser Mann im Tod wieder zu einem seines Geschlechts geworden war.

Proust'sches Mittelalter, gewiß, doch vor allem Fortdauer einer Tradition von Mut und Loyalität, das höchste Emblem des Adels in dessen erwähltem Land, dort, wo er am tiefsten in der Kultur verwurzelt ist: in Frankreich. Wieviel Übereinstimmung zwischen dem Proust der *Suche nach der verlorenen Zeit* und dem Bloch von *L'Etrange Défaite*, wieviele Bekundungen tiefer Solidarität mit der Tradition des Mutes des Adels und des französischen Offizierkorps, im Einklang mit der Verherrlichung der Kriegstapferkeit von Bauern und Arbeitern, nicht oder kaum aber von Bürgern...

Zehn Jahrhunderte zuvor hatten sich die Adligen, die für den italienischen König Berengar gegen Rudolf von Hochburgund stritten, niedermetzeln lassen, um die Krone zu verteidigen. Das Massaker war so groß, daß einer der Truppenführer Rudolfs seinen Leuten befahl, die Feinde nicht mehr

zu töten, sondern sie, wie wir schon gesagt haben, mit umgedrehten Lanzen anzugreifen. Der italienische Chronist dieser blutigen Schlacht – eine der entsetzlichsten jener Zeit –
schließt seinen Bericht mit den Worten, viele Adelsfamilien
seien aus dieser Schlacht stark dezimiert hervorgegangen,
der gesamte italienische Adel sei nach diesem Blutbad erschreckend gelichtet.

Tapferkeit und Edelmut, wenn auch häufig im Verein mit
blutiger Grausamkeit, sind ein hervorstechendes Merkmal
des Verhaltens der Adelsschicht.

Lippin verfolgt einen heidnischen Gegner bis vor ein Burgtor,
Große Heidelberger Liederhandschrift, um 1310-1340, Zürich

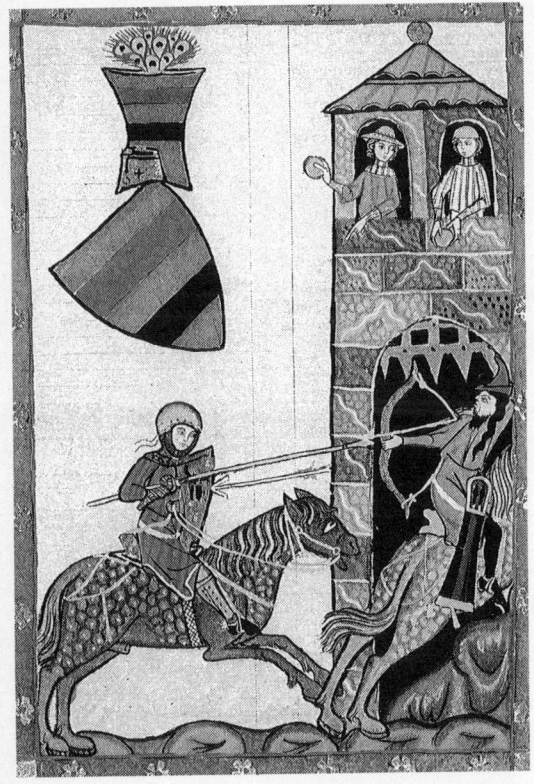

Schreibender Mönch in einer Klosterbibliothek,
Miniatur aus der Handschrift »Miracles de Notre Dame«, 14. Jh.

Die Priesterkaste

Das Mittelalter war in Europa vor allem in der Feudalzeit die Epoche der Geistlichen, Priester und Mönche. Allenthalben entstanden große oder kleine religiöse Stiftungen, Kult- und Gebetsstätten sowie Einrichtungen der Armenfürsorge; neben den Festungen, Burgen, Türmen und Mauern waren sie ein beherrschendes Merkmal der Landschaft und verliehen ihr ein Jahrhunderte überdauerndes Gepräge. Die Furcht vor dem Jenseits, die drohende Präsenz der Höllenstrafen, die die Phantasie triebhafter und reizbarer Menschen erregte, trieb die Leute dazu, sich in die Obhut einer Kirche, eines Hospizes, eines Klosters zu begeben, indem sie Hab und Gut der Kirche schenkten und damit stete Fürbitte nach ihrem Tod erkauften. Auf diese Weise mehrte sich der Besitzstand des Klerus und wuchs mit der Zeit die Zahl der Geistlichen, denen ansehnliche Schenkungen ein gutes Auskommen sicherten. Angefangen bei den kleinen Grundstücken, die von Bauern aus bescheidenen Verhältnissen gespendet wurden, bis zu den ausgedehnten, von Adligen und Königen gestifteten Ländereien häufte sich allmählich ein Vermögen an, das einzig hinter dem der Krone zurückstand. In der zweiten Hälfte des 9. Jahrhunderts hatte Kolumbans Kloster von Bobbio (Piacenza) bereits Dutzende großer Grundherrschaften, die sogenannten *corti*, angesammelt. Sie wurden teils von einem Beauftragten geführt und von unfreiem Gesinde, das über keine Ländereien verfügte, bearbeitet, teils von den Frondiensten der dazu verpflichteten Kolonen bewirtschaftet, die sich auf dem an sie verpachteten Land um den Mittelpunkt herum angesiedelt hatten. Bobbio hatte zu jener Zeit über sechshundert Kolonen; die Abtei Santa Giulia in Brescia tausend; viele andere Klosterbetriebe im damaligen Italien verfügten über ähnlich große Massen abhängiger Bauern. Das toskanische Kloster

San Salvatore dell'Amiata und das sienesische Sant'Antimo konkurrierten mit den mächtigen Abteien in Nord- und Mittelitalien ebenso wie mit denen im Süden, darunter Santa Maria di Farfa und San Vincenzo am Volturno, um nur einige von Dutzenden großer Klöster zu nennen. Fast alle waren Stiftungen von Königen und brachten es im Lauf der Jahre zu ungeheurem Reichtum und Ruhm, die im 10. Jahrhundert ihren Höhepunkt erreichten.

Die Bischofskirchen verfügten im allgemeinen über minderen Reichtum als die Abteien; so lag zum Beispiel die Kathedrale von Modena in ständigen Besitzstreitigkeiten mit dem nahen Königskloster von Nonantola. Standen die berühmten Mönchsgemeinschaften und angesehensten Bischofssitze, was Reichtum, Macht und Bildung betraf, an der Spitze, so traten Myriaden von kleinen Kirchen und Klöstern aufgrund ihrer enormen Zahl zu ihnen in Konkurrenz. Von den Pässen der Alpen und des Appenin bis zu den sumpfigen Tiefebenen und ungesunden Küstengebieten standen demjenigen, der sich auf die Reise von einer Region Italiens in die andere machte, Tausende von Gotteshäusern und Stiftungen offen, die sich der Armen und der Wanderer annahmen. Nicht anders verhielt es sich jenseits der Alpen, wo die berühmten Abteien von Corbie in Frankreich sowie im deutschsprachigen Raum die von Fulda, Reichenau, Sankt Gallen und Prüm besonders herausragten. Die großen Klöster waren von Hunderten von Mönchen bevölkert, allesamt einer strengen Liturgie, dem unablässigen Beten für den Frieden, für die Sicherheit des Imperiums, der Königreiche und des Christentums sowie dem feierlichen Gedenken der Todestage großer Persönlichkeiten verschrieben; Hunderte von Armen wurden gespeist, während die Konfratres Gesänge für das Seelenheil verstorbener Mächtiger anstimmten. In den kleinen, über das Land verstreuten Klöstern und in den Dorfkirchen betete man für die Namenlosen, die sich das Seelenheil gesichert hatten, indem sie den Priestern oder Mönchen einen Acker, einen Weinberg oder ein Waldstück geschenkt hatten.

Auch wenn sich in der Masse der Bauern heidnische Kulte bewahrt hatten, schlossen diese sich doch immer stärker den

Kirchen an, wobei sich das Brauchtum oft vermengte, der alte, heidnische Glaube und die Lehre der christlichen Religion einander durchdrangen und ein Gemisch bildeten, über das wir bis heute sehr wenig wissen. Von der langobardischen bis zur karolingischen Gesetzgebung müssen die Könige die heidnische Verehrung der Naturkräfte, bestimmter Bäume, Quellen und Felsen verbieten, die als heilig galten, weil sich dort die Bauern versammelten, um ihre uralten Bräuche zu üben. Viele Kleriker glaubten das gleiche wie die Bauern und zitterten, wenn der Mond sich verdunkelte, wenn nächtelang ein Komet am Himmel stand, wenn ein Magier Unheil ankündigte. Hagel, Donner und Blitze hielt man für Äußerungen göttlichen Zorns – der heidnischen Gottheiten ebenso wie des Christengottes – wenn sich zu solchen Naturphänomenen die durch Krieg und Krankheit verursachte Angst gesellte. Beängstigende Legenden entstanden und wurden weitererzählt, von großen Steinen, die mit dem Hagel vom Himmel fielen, von Blitzen, die Dörfer und ganze Landstriche in Brand setzten, um die Menschen zu strafen; von Blutregen und Kriegssymbolen, die man in die rötlichen Wolkengebilde des Abendhimmels projizierte, an dem man Schwerter, Lanzen und Ritter auf dem Weg in ein fernes Land sah.

Vor dem Hintergrund solcher Überzeugungen, die – ob heidnisch oder christlich – immer Angst erzeugten, ist es nur verständlich, daß dem irdischen Vertreter der Gottheit, sei es der Priester oder der Magier, Respekt und Verehrung gezollt wurden, daß Krankheit die Menschen dazu brachte, den Tod zu fürchten und sich der Gunst des Klerus zu versichern, indem sie ihm Hab und Gut überließen. Auf diese Weise bereicherte sich vor allem der hohe Klerus, dessen Lebensstil sich selbst in Kleidung und Alltagsleben dem des Adels anglich. Immer wieder müssen die karolingischen Könige den Äbten und Äbtissinnen, den Bischöfen und dem gesamten Klerus verbieten, auf die Jagd zu gehen. Und der große Cluniazenser Abt Odo schreibt, wie wir gesehen haben, daß Gott Esau gehaßt habe, weil er Jäger war; denn die Jagd lenke von der Reflexion ab und entfessele unkontrollierbare Triebe.

Aus der bescheidenen Kirche der ersten Jahrhunderte wird nach und nach die reiche Kirche mit prosperierenden und einflußreichen Kathedralen und Abteien, prunkvoll gekleideten Bischöfen und Äbten, die Pferde- und Hundeliebhaber sind und üppige Gelage schätzen, nicht anders als der Laienadel, mit dem sie oft verwandt sind.

Zur gleichen Zeit kam es in allen sozialen Schichten zu heftigen Reaktionen gegen diese Gesellschaft, die in dem Teil, der eigentlich ihr bester sein sollte, prunkliebend und oppressiv wurde. Sie reichten von den Bauernaufständen bis hin zu den Bewußtseinskrisen der Mächtigen: Grafen gaben Amt und Reichtum auf, um ins Kloster zu gehen, wie jene beiden, die in die piemontesische Mönchsgemeinschaft von Novalesa eintraten und dort die Schweine hüteten. Zahllos sind die Bekehrungen im 10., dem eisernen Jahrhundert, angefangen bei der des Grafen vom Palazzo Sansone, der das höchste Amt in Italien nach dem des König aufgibt und sich zum bescheidenen, bußfertigen Mönch und demütigen Diener Gottes macht. Ein einschneidendes Erlebnis, der Anblick des Leidens anderer, ein mahnender Traum oder eine Krankheit, mehr brauchte es nicht, um diese impulsiven Menschen auf einen Weg zu führen, der dem bisher verfolgten entgegengesetzt war. So erging es auch Johannes von Gorze, den die Begegnung mit einer Frau, die ein Bußwerkzeug unter dem Kleid trug, tief beeindruckt hatte: Der bloße Anblick einer Frau, die um ihres Glaubens willen Schmerzen ertrug, trieb diesen Mann zur Kasteiung der Sinne.

Nicht selten war es auch die Materialität und Anstrengung der neben der Jagd ganz den Kriegsübungen gewidmeten Ausbildung der Adligen, die sensible Gemüter wie den späteren Abt von Cluny aufrieb und gleichzeitig zur Überzeugung kommen ließ, ihr Leben sei zu sehr von körperlichen Aktivitäten in Anspruch genommen. Drei Jahre lang, so erzählt Odo von Cluny später einem seiner Schüler, sei er von schrecklichen Kopfschmerzen geplagt worden, deren Ursachen, wie er meinte, die Kriegsübungen und die Jagd gewesen seien. Damals beschloß er, den Hof des Herzogs von Aquitanien, Wilhelms des Guten, zu verlassen. Er wurde nicht Ritter, sondern Kanoniker, dann Eremit und später

Mönch. Noch kurz vor seinem Tod trauert Odo jedoch der Leibeskraft nach, die er in seiner mit Waffenübungen, mit Pferden und Hunden verbrachten Jugendzeit besessen hatte: »Damals sagten alle, daß ich schön und stark sei, und nun siehst du mich alt und häßlich.« Er hätte auch den mächtigen Grafen von Reims, Fulco den Guten (von dem es hieß, er wolle das Ritterleben aufgeben) gerne dazu gebracht, ihm in die Militia Gottes zu folgen, doch der Freund konnte sich nicht dazu durchringen und blieb in der Welt, wohl um besser in ihr wirken zu können. Denn viele Adlige führten ein frommes weltliches Leben und nutzten ihre hohe Stellung, um den Armen, den Mönchen und gutwilligen Priestern zu helfen. Auch der mächtige Graf Gerald, der an der Schwelle zum 10. Jahrhundert in Aurillac in der Auvergne lebte, führte ein solches Leben, wie uns sein Biograph Odo berichtet. Auch Gerald hatte zuvor eine ernste und lästige Krankheit durchgemacht, die Gott ihm gesandt hatte, um ihn für eine schwere Sünde zu strafen.

Nachdem der Graf, wie wir schon erzählt haben, der Versuchung widerstanden hatte, wollte er sich selbst bestrafen: Er ritt eine ganze Nacht lang durch die Kälte – auch um noch den letzten Funken eines allzu heftigen Feuers endgültig zum Erlöschen zu bringen. Danach strafte Gott ihn zusätzlich, indem er langjährige Blindheit über ihn verhängte.

Als er davon genesen war, lebte er wie ein Heiliger und schor sich eine Tonsur wie ein Klosterbruder, die er tagsüber unter einer Kappe verbarg; doch am Abend konnte er sich dann ganz Gott hingeben – ein Mönch in der Welt. Die Beibehaltung des Grafenamts in einer Zeit der Wirren – »die Ordnung des Reichs war gestört durch die Präpotenz der Markgrafen«, schreibt Odo von Cluny – ermöglichte es ihm andererseits, die ihm Anbefohlenen vor der Willkür der Mächtigen zu schützen.

Mönche, Bischöfe, die Mönche werden, Adlige, die in großer Zahl gleichfalls ins Kloster gehen oder in der Welt ein Mönchsdasein führen, sind Reaktion und Gegengewicht zur Wandlung der Gesellschaftsstrukturen im Sinne einer immer stärkeren Aristokratisierung mit oft gewaltsamen Methoden der Unterjochung der Menschen und der Aneignung

ihres Grund und Bodens. Gewalt, Bewußtwerdung des gewalttätigen Systems und innere Krise des Systems rufen
vielfachen Protest hervor, der sich unter anderem in Kloster-
reformen niederschlägt, deren Ziel es ist, das Leben der Zöno-
biten wieder zu den rein religiösen Aufgaben zurückzufüh-
ren, in denen es einige Jahrhunderte zuvor bestanden hatte.
Gewalttätigkeit und Frömmigkeit sind die Antinomie, innerhalb derer Bewußtsein und Handeln hoher Geistlicher und
mächtiger Adliger schwanken: Eine tiefe Humanität hielt
viele Menschen davon ab, ihre Macht zu mißbrauchen, eine
Macht, der sie oft entsagten oder die sie gerecht ausübten.

Christus als Herrscher der Himmlischen Stadt,
Civate, San Pietro al Monte, Anfang des 12. Jh.

Bewußtseinskrise
und Wandel der Lebensformen

Das ganze Mittelalter hindurch finden wir zahlreiche Zeugnisse über Menschen, die abrupt mit der Vergangenheit brechen, alles aufgeben und die Welt fliehen. So wie sie bisher ins Licht der Geschichtsforschung getreten sind, handelt es sich dabei um Adlige, später auch um Kaufleute. Vereinzelte Sondierungen in diesem Fragenbereich ausgenommen, fehlt es jedoch noch an systematischen Untersuchungen, die uns eine realistische Einschätzung des Phänomens ermöglichen könnten. Während auch in diesem Fall die Quellen aus den ersten Jahrhunderten des Mittelalters von Krisen und Änderungen der Lebensform bei Menschen niederer oder zumindest einfacher Herkunft sprechen – wiewohl das gleiche auch von Mächtigen berichtet wird – scheint sich die Aufmerksamkeit mit der Zeit fast ausschließlich auf »Bekehrungen« prominenter Männer (aber auch Frauen) zu richten. Es handelt sich dabei um Quellen, die den höheren Gesellschaftsschichten zuzuordnen und zudem vor allem ein Erzeugnis jener Kultur sind, in der sich die zunehmende Aristokratisierung der damaligen Führungsschicht ausdrückt. Wenn sie mithin als nicht erschöpfend zu betrachten und mit entsprechender Vorsicht zu konsultieren sind, so spiegeln sie doch zugleich weitgehend die Wirklichkeit wider. Denn nachdem sich die Funktionen der verschiedenen Ebenen, in die sich das Gesellschaftsgefüge aufgliederte, verfestigt hatten und die Aufgaben der subalternen Schichten auf die Leistung von Handarbeit beschränkt worden waren, war für diese ein Wechsel des Standes schwieriger als früher.

Was den Adel betrifft, so finden wir zwar je nach Ort und Zeit unterschiedliche Motive, doch lag der Hauptanstoß für die Absage an das bisherige Leben vor allem in einer plötzlich auftretenden Abneigung gegen die Gewalt. Vom Krieger zum Kleriker und dann zum Mönch oder vom Krieger zum Mönch – dies ist der Weg, den Biographien frommer Männer häufig aufzeigen. Fast alle erzählenden Quellen schildern die »Bekehrungen« in dieser Weise – ob es sich um hagiographische Werke oder um Chroniken von Episkopalkirchen oder berühmten Klöstern handelt. Das Streben nach einer perfekten, zumindest aber besseren Lebensführung und die Abkehr vom alten Lebensstil scheint das Bewußtsein der Menschen vor allem vom 9. und 10. Jahrhundert an gefangenzunehmen, in eben jener Epoche, da der Adel sich als die Schicht festigt, die hauptsächlich zum Dienst an der Waffe und damit zur fast alltäglichen Ausübung von Gewalt verpflichtet ist. In vielen Fällen wird der Wechsel der Lebensform, also normalerweise der Eintritt ins Kloster, am Ende eines Kriegerlebens vollzogen: Dies gilt für den Langobardenkönig Ratchis ebenso wie für viele andere Männer, auf denen schwere militärische Aufgaben lasteten. Das ist mehr als ein Indiz dafür, daß die »Bekehrung« die negative Reaktion auf die militärische Funktion darstellt und – wenn auch mit unterschiedlicher Bedeutung – das ganze Mittelalter über und sogar darüber hinaus anzutreffen ist: Als Beispiel für viele nenne ich Ignazio von Loyola. Konkret jedoch sah diese Reaktion, je nach den Umständen und dem persönlichen Charakter höchst unterschiedlich aus. Ludwig der Fromme, um an ein weiteres berühmtes Beispiel zu erinnern, verband seine Tätigkeiten als König fortwährend mit gottesdienstlichen Handlungen, die eines skrupulösen Klerikers würdig gewesen wären. Ludwig IX. (13. Jahrhundert) war ihm darin sehr ähnlich. Andere zogen sich immer wieder für eine Zeitlang ins Kloster, womöglich ins Hauskloster zurück; andere traten ins Kloster ein mit dem Wunsch, endgültig dort zu bleiben. Nur wenn außergewöhnlich ernste Umstände es erforderten, traten sie zum Wohle anderer vorübergehend oder für immer wieder aus. Sehr viele beschränkten sich auch darauf, Klöster zu errichten, in denen Mönche in großer Zahl für sie beteten, und fanden im Gottesdienst anderer den Ersatz für das, was sie selbst nicht tun konnten oder wollten. Nicht wenige jedoch brachen alle Brücken hinter sich ab und änderten ihr Leben radikal und unwiderruflich.

Oft begleitet eine Krankheit die Übergangsphase; und es ist wohl kaum übertrieben, den Ursprung des Wechsels der Lebensform in einem Zustand tiefer Depression oder in psychischen Problemen zu sehen; wenn auch die Krankheit den Anlaß geboten haben mag, in der erzwungenen Untätigkeit gründlich den eigenen Lebensstil zu überdenken und daraufhin die Veränderung in Gang zu setzen. Wie bei Odo, so war auch später bei Franz von Assisi und Ignatius von Loyola das Leben vor der »Bekehrung« durch eine Krankheitsperiode unterbrochen. Im übrigen bedeutete Krankheit bekanntlich ja auch Läuterung (also auch im Hinblick einer höheren Stufe auf dem Weg zur geistigen Vollkommenheit). Oft ist das Leben der Heiligen von aufeinanderfolgenden und je nach Schwere der Krankheit fortschreitenden Zuständen der Gebrechlichkeit geprägt. Auch Graf Ansfrid, ein adliger Ritter – über den uns Alpert von Metz, der Verfasser von *De diversitate temporum*, im 11. Jahrhundert berichtet – wurde, nachdem er Bischof geworden war, mit plötzlicher Blindheit geschlagen und ging daraufhin ins Kloster. Schon bevor er sein Grafenamt gegen das Bischofsamt vertauschte, widmete sich Ansfrid, soweit seine weltlichen Pflichten es zuließen, intensiv dem Gebet und las die heilige Messe, so daß Alpert von Metz zufolge »ein paar Leichtfertige über ihn spotteten und das Gerücht in Umlauf setzten, er führe ein Mönchsleben«. Als er dann Bischof ist, befällt ihn die Krankheit, die ihm hilft, eine noch höhere Stufe der Vollkommenheit zu erklimmen und ihn zu dem Entschluß bringt, Mönch zu werden. »Nach Gottes gütigem Willen, als die Begierde der Augen erloschen und so der Gelegenheit zur Sünde die Tür verschlossen war, bewahrte sein Antlitz äußerlich die Würde des Bischofs, während er zugleich nichts vor sich sah, was er mit den Sinnen hätte begehren können. Als Blinder konnte er an Gott denken und sich meditierend in sich selbst zurückziehen; in diesem Umstand wurde ihm beinahe mit Schrecken klar, daß die Blumen dieser Welt vor Gott nichts als Unrat sind… er ließ seine feinen Kleider und legte, wie die Regel des Heiligen Benedikt es vorschreibt, das Gewand an, das ich nicht armselig, sondern vielmehr engelhaft nenne.«

Plötzliche, mehr oder minder lange Krisen veranlassen die Menschen zu einem radikalen Wechsel der Lebensform. Oft wird dies von den zeitgenössischen Schriftstellern gar nicht ausdrücklich erwähnt, vor allem, wenn es sich um gewöhnliche Leute handelt, deren Bruch mit der Vergangenheit keinerlei Aufsehen erregt: Gerade die einfachen Leute aber fliehen in Scharen die Welt und beginnen ein Mönchsleben, wofür wir in den *Dialogen* Papst Gregors des Großen zahlreiche Zeugnisse finden. Im Lauf der Zeit jedoch wirkten sich neben der Aristokratisierung in der Denkweise der Gebildeten, die Biographien verfaßten, auch die allgemein veränderten Umstände im Sinne einer strengen sozialen Selektion der Biographierten aus: Vom 9. Jahrhundert an machte die Gesellschaft einen tiefgreifenden Strukturwandel durch und war nun immer mehr von der Präsenz einer Adelselite geprägt, die nach und nach zur fast ausschließlichen Inhaberin der Staatsgewalt werden sollte, vom Kriegerberuf über die Verwaltung bis zum Zugang zu höheren welt- oder regulargeistlichen Ämtern. Mit der Zeit betrafen Bewußtseinskrisen und Änderungen des Lebens also tatsächlich vor allem die Adligen, die die anderen weitgehend aus der Verantwortung für die Macht und die Seelsorge verdrängt hatten. So sprechen die Historiker jener Zeit, die Traktatschreiber und die Verfasser von Heiligenviten fast nur von Bekehrungen in den höchsten Gesellschaftsschichten. Oft jedoch glich sich der monastische Lebensstil – aufgrund einer bestimmten Erziehung – so sehr dem der Laien an, daß er sich mit diesem vermischte und auch bei den Laien eine maßvolle, nichtgewalttätige, von nahezu mönchischer Routine geregelte Lebensführung bewirkte. Dies ist vermutlich auch bei dem Vater Odos von Cluny der Fall, einem mächtigen Adligen, den der Biograph des Cluniazenser Abtes einen Kenner der Heiligen Schrift und außerordentlich sittsamen Menschen nennt. In seiner Gegenwart durfte nur gegessen werden, wenn dabei erbauliche Texte angehört oder über religiöse und moralische Fragen gesprochen wurde. Dies ist in bewußter Polemik gegen entgegengesetzte Arten der Lebensführung geschrieben, wie aus Odos *Collationes* und aus seiner Biographie Geralds von Aurillac deutlich wird: Dieser gehorcht in seinem Alltagsleben den Regeln und Vorschriften, die den Grafen von den karolingischen Gesetzen (den Kapitularien) gemacht werden; man denke nur an das Gebot, sich nicht in trunkenem Zustand zu den Gerichtssitzungen zu begeben. Offenbar geschah im Normalfall gerade das Gegenteil dessen, was den Tageslauf eines »guten« Mächtigen kennzeichnete; d. h. die Mächtigen verhielten sich im allgemeinen so, wie es die karolingischen Gesetze beharrlich verboten. Einmal abgesehen von der Unmöglichkeit, zumindest zum jetzigen Zeitpunkt das soziale Gewicht dieser zwei entgegengesetzten Verhaltensweisen realistisch zu taxieren, gewähren uns fast alle Quellen einen breiten Einblick in einen Lebensstil, der von Gewalt, von der Demonstration physischer Kraft und oft von Grausamkeit geprägt war. Tatsächlich erhielten die Wenigen, die sich der Lebensnorm der anderen Mächtigen mehr oder minder entzogen, den Beinamen der »Gute«: Gerald der Gute, Wilhelm, Herzog von Aquitanien, genannt der Gute, Folco, Graf von Reims, genannt der Gute... Relativ waren es zwar wenige, absolut gesehen jedoch nicht, denn man könnte diese Liste unschwer weiterführen, unter veränderten Bedingungen auch weit über das Mittelalter hinaus.

Nichtsdestoweniger muß die Mäßigung, die alte benediktinische *discretio*, die Eingang in die Lebensführung von Adligen und Königen gefunden hat, insgesamt eine recht geringe Tragweite gehabt haben, wenn sich noch im 13. Jahrhundert der französische König Ludwig der Heilige ständig bemüßigt fühlte, sie bei den Männern zu propagieren, die ihn umgaben, angefangen bei seinen Vertrauten. Auch sein Biograph, Jean de Joinville, der zugleich Seneschall der Champagne war, mußte sich häufige Ermahnungen gefallen lassen. »Er (der König) goß Wasser in den Wein, den er trank, in unterschiedlicher Menge je nach der Stärke des Weins. In Zypern fragte er mich einmal, warum ich den Wein, den ich trank, nicht mit Wasser mischte, und ich gab ihm zur Antwort, daß daran die Ärzte schuld seien, die mir versicherten, ich hätte einen dicken Schädel und einen kalten Magen, so daß es mir unmöglich sei, mich zu betrinken. Doch der König erwiderte, daß die Ärzte mich belögen und daß ich, wenn ich mich nicht in jungen Jahren daran gewöhnen würde, den Wein zu verdünnen und es dann als alter Mann täte, an Gicht und Magenschmerzen leiden und der Gesundheit verlustig gehen würde. Tränke ich im Alter reinen Wein, so fügte er noch hinzu, würde ich jeden Abend betrunken sein, was für einen alten Mann eine große Schande sei.« Die schon einige Jahrhunderte zuvor in den Biographien mächtiger Laien dargelegte Mäßigung spielt also auch im Lebensstil Ludwigs IX. eine Rolle, wiewohl der Einfluß der mönchischen Regel weit weniger spürbar und die Öffnung gegenüber den weltlichen Angelegenheiten und Problemen unbestreitbar ist. Joinville schreibt über den König: »Er war so genügsam, daß ich ihn nie Speisen seiner Wahl bestellen hörte, wie es so viele andere Herren tun; er war mit dem zufrieden, was der Koch ihm zubereitete und was man ihm bei Tisch servierte. Er war mäßig im Reden; nie habe ich ihn über irgend jemanden Schlechtes sagen noch beim Teufel fluchen hören, wie es im ganzen Königreich üblich ist, etwas, das – glaube ich – Gott durchaus nicht gefällt... Er sagte, jeder müsse sich in Kleidern und Waffen so schmücken, daß ihn weder die ehrbaren Leute Eures Alters der Verschwendung noch die jungen Leute der Nachlässigkeit zeihen... Alle Tage hörte er das gesungene Stundengebet, eine stille Seelenmesse, dann die Messe des Tages oder des Tagesheiligen, wenn möglich gesungen. Täglich nach dem Mittagsmahl ruhte er sich auf dem Bette aus; wenn er geschlafen und geruht hatte, rezitierte er in seinem Gemach das Totenuffizium in Gesellschaft eines seiner Kaplane; danach wohnte er der Vesper bei; am Abend hörte er die Komplet...«

Bibliographie

Zur Geschichte der Mentalität siehe vor allem J. LE GOFF, *Eine mehrdeutige Geschichte:* in: U. RAULFF (Hg.), *Mentalitäten-Geschichte*, Berlin 1987, S. 18-32 (orig. in: J. LE GOFF u. a. (Hgg.), *Faire de l'histoire*, Paris, Gallimard, 1974.) Das Werk ist immer noch erwähnenswert, auch wenn einige Jahre verflossen sind, seit der Autor den Satz schrieb: »Für den Historiker ist der Begriff der Mentalität noch neu und schon abgegriffen. Man spricht von der Geschichte der Mentalitäten und hat doch wenige überzeugende Beispiele erbracht ... (Es handelt sich) dabei noch um Pioniertaten und um Neuland (...)« (ebenda, S. 18). Inzwischen liegen weitere Beispiele vor. Neben den bekannten Essays von LE GOFF und LE ROY LADURIE möchten wir u. a. nennen J.-C. SCHMIDT, *Le Saint-Lévrier. Guinefort, guérisseur d'enfants depuis le XIIIᵉ siècle*, Paris, Flammarion, 1979 (dt. Übers.: *Der heilige Windhund. Die Geschichte eines unheiligen Kults*, Stuttgart 1982). Kennzeichnend für die Forschungsarbeiten, auf die wir uns bezogen haben, scheint uns die Einordnung kultureller (volkstümlicher oder gelehrter) Hervorbringungen in bestimmte soziale Kontexte, also ihre Historisierung. Gewiß können Verhaltensmuster langwährend und dauerhaft und auch verschiedenen Gesellschaftsschichten gemeinsam sein; sie schließen jedoch erstere nicht aus, sondern bilden vielmehr gleichsam ihren Hintergrund und Horizont, auch wenn die Wertigkeit der »allgemeinen Verhaltensweisen« im Lauf der Zeit Schwankungen, Höhen und Tiefen erfährt, und eine Denk- oder Handlungsweise (die oft zusammenfallen) bis zum völligen Verschwinden zurückgehen kann.

Produkt konkreter historischer Bedingungen und chronologisch datiert (wiewohl es sich in gewisser Weise in anderen Kulturen und Epochen spiegelt) ist das von G. DUBY wieder aufgegriffene Kulturmodell der dreigeteilten Gesellschaft: *Les trois ordres ou l'imaginaire du féodalisme*, Paris, Gallimard 1978 (dt. Übers.: *Die drei Ordnungen. Das Weltbild des Feudalismus*, Ffm 1986). Siehe auch J. LE GOFF, *Les trois fonctions indo-européennes, L'historien et l'Europe féodale*, in »Annales E. S. C.«, XXXIV, 1979, Nr. 6, S. 1187-1215; O. NICCOLI, *I sacerdoti, i guerrieri, i contadini. Storia di un'immagine della società*, Turin, Einaudi, 1979.

Zu der engen Bindung, ja nahezu Identifikation zwischen Mensch und Natur im Mittelalter vgl.: A. J. GURJEWITSCH, *Das Weltbild des mittelalterlichen Menschen*, München 1986³, vor allem S. 29-96, mit einer guten Bibliographie zum Thema (dt. Übersetzung von: *Kategorii srednevekovoj kult'tury*, Moskau, Izdatel'stvo »Iskusstvo«, 1972). Das Werk ist insofern von Bedeutung, als es die sozialen Varianten in der Kulturgeschichte (im weitesten Sinne) hervorhebt; allerdings wird der Unterschied, der auch in dieser Hinsicht zwischen Früh- und Hochmittelalter besteht, nicht herausgestellt; jedenfalls wird eine unterschiedliche zeitliche Gliederung innerhalb der langen Zeitspanne der mittleren Jahrhunderte nicht genügend rezipiert, wie sie in Wirklichkeit auch in den geographischen Gebieten existierten, die nicht unter die gemeinhin auf Westeuropa (wenn auch mit unterschiedlichen historiographischen Begriffen und ohne starre zeitliche Übereinstimmungen von Land zu Land) angewandte Periodisierung fallen.

Eine reiche Literatur gibt es zur Problematik der mittelalterlichen Wissenschaft; wie umfangreich sie ist, sieht man schon im o. g. Werk von Gurjewitsch.

Über Legenden, Ängste, heidnischen Glauben, Gelehrsamkeit im Hochmittelalter vgl. V. FUMAGALLI, *Il Regno italico*, Turin, Utet, 1986, S. 24-25 und passim; zur unterschiedlichen Einstellung zu Totenerscheinungen im Rahmen des Strukturwandels zwischen Früh- und Hochmittelalter siehe ders., *Il paesaggio dei morti. Luoghi d'incontro tra i morti e i vivi sulla terra nel Medioevo*, in »Quaderni Storici«, XVII (1982) Nr. 2, S. 411-425; über Visionen und Jenseits im 6.-11. Jahrhundert vgl. M. AUBRUN, *Caractères et portée réligieuse et sociale des »Visiones« en Occident du VIe au XIe siècle*, in: Cahiers de civilisation médiévale«, XXIII, (1980), Nr. 2, S. 109-130; siehe auch G. LE DON, *Structures et significations de l'imagerie médiévale de l'enfer*, in: »Cahiers de civilisation médiévale« XXII, (1979) Nr. 4, S. 363-372. Zu den hundsköpfigen Kriegern vgl. C. LECOUTEUX, *Les Cynocéphales. Etude d'une tradition tératologique de l'Antiquité au XII siècle*, in: »Cahiers de civilisation médiévale«, XXIV, (1981) Nr. 2, S. 117-128; zur Einstellung des Menschen zum Wolf, mit genauen Hinweisen auf die historisch-naturwissenschaftlichen und kulturellen Zusammenhänge, siehe G. ORTALLI, *Natura, storia e mitografia del lupo nel Medio Evo*, in: »La Cultura«, XI, (1973), S. 257-311; zahlreiche Betrachtungen und Informationen zum Bild des Todes finden sich (mit umfangreicher Bibliographie) in: PH. ARIÈS, *L'homme devant la mort*, Paris, 1977 (dt. Übers.: *Geschichte des Todes*, München 1980) und C. FRUGONI, *La protesta affidata*, in: »Quaderni Storici«, op. cit. S. 426-448, aufschlußreich durch den Beitrag der ikonographischen Kompetenz des Autors zur Diskussion über das Bild des Todes und der Toten zwischen dem 12. und dem 15. Jahrhundert. Über das Mönchtum; JOACHIM WOLLASCH, *Mönchtum des Mittelalters zwischen Kirche und Welt*, München 1973.

Zu den Benandanti, aber auch ganz allgemein zur Entwicklung der Haltung der Gebildeten und der Inhalte der Hexenpraktiken, vgl. C. GINZBURG, *I benandanti. Stregoneria e culti agrari tra Cinquecento e Seicento*, Turin, Einaudi, 1966 (dt. Übers.: *Die Benandanti. Feldkulte und Hexenwesen im 16. und 17. Jahrhundert*, Ffm 1980). Zur Darstellung des Menschen in der Ikonographie von Bedeutung E. BUSCHOR, *Das Porträt*, München (Piper) 1960; zu Familie, Verwandtschaft, Frau, Sexualität siehe R. FOSSIER, *Enfance de l'Europe*, Bd. 2, Paris, Presses Universitaires de France, 1982, S. 905-950, mit einer guten Bibliographie. Auf für die Mentalität des Schriftstellers bezeichnende Einzelheiten (wie die Episode des Vorfahren von Paulus Diakonus), aber auch auf die breiten kulturellen und zivilisatorischen Horizonte, in denen der Einzelne lebt und schreibt, geht G. VINEY ein, von dem wir hier nur nennen: *Alto Medioevo latino*, Neapel, Guida, 1978. Zum Verhältnis zwischen Individuum und Gesellschaft ist grundlegend: K. SCHMID, *Über das Verhältnis von Person und Gemeinschaft im frühen Mittelalter*, in: »Frühmittelalterliche Studien« I, (1967) S. 225-249.

Die mittelalterliche Landschaft, zum Großteil ein Erbe der Welt der Spätantike, wurde im Frühmittelalter im Sinne einer Akzentuierung ihrer silvo-pastoralen Eigenschaften verändert. Nach einer langsamen und; wie ich sagen möchte, punktuellen Kolonisierung, wie sie sich vom 7. bis zum 10. Jahrhundert vollzog, beginnt eine massive und planmäßige Agrarisierung des unbebauten Bodens, als tiefgreifende Wandlungen der wirtschaftlichen, gesellschaftlichen und – warum nicht? – geistigen Strukturen in diese Richtung drängten. Die Landschaft wird jedenfalls nicht allein durch die Wirtschafts- und Sozialstrukturen und die jeweils zu verschiedenen Organisationsformen dieser Landschaft neigenden Mentalitäten geprägt: Das Gewicht der ererbten physischen Umwelt ist beträchtlich; doch mehr oder minder langsam wirkt sich eine Kultur auf die physische Welt, in der sie beheimatet ist, verändernd aus. In diesem Sinn ist diese auch ein Produkt der Mentalität. Dies ist im übrigen auch an der Einstellung der Menschen und Gesellschaftsschichten ihr gegenüber erkennbar, in unserem Fall, also im Frühmittelalter, allgemein die elektive Hinnahme unkultivierter Flächen.

Zu den Grenzen der Kulturgeschichte vgl. G. TABACCO, *Problemi di insediamento e di popolamento dell'alto Medioevo*, in: »Rivista Storica Italiana«, LXXIX, (1967), Nr. 1, S. 67-110; zum heutigen Stand der Diskussion über das Verhältnis Raum/ Mentalitäten s. R. COMBA, *Il territorio come spazio vissuto. Ricerche geografiche e storiche nella genesi di un tema di storia sociale*, in: »Società e storia«, XI (1981) S. 1-27; zu einem spezifischen Element der Umwelt: G. ORTALLI, *Natura, storia e mitografia del lupo nel Medioevo*, op. cit.; zur Landschaft Italiens im Frühmittelalter unter Bezug auf andere europäische Gebiete: V. FUMAGALLI, *Il Regno italico*, op. cit. S. 57-100; ebda. S. 305-314, Quellenmaterial und Bibliographie zu den hier behandelten Themen.

Zur Bedeutung der Werke aus dem Kreis der Cluniazenser, auf die wir besonderes Gewicht gelegt haben, nicht nur auf einer doktrinalen Ebene, sondern auch was die mentalen Haltungen angeht, siehe vor allem P. LAMMA, *Momenti di storiografia cluniacense*, Rom, Istituto Storico Italiano per il Medio Evo, 1961, insbesondere S. 21, Anmerkung 4; V. FUMAGALLI, *Note sulla »Vita Geraldi« di Odone di Cluny*, in: »Bullettino dell'Istituto Storico Italiano per il Medio Evo«, LXXVI, (1964) S. 217-24; J.-C. POULIN, *L'idéal de sainteté dans l'Aquitaine carolingienne. D'après les sources hagiographiques (750-950)*, Quebec, Les Presses de l'Université Laval, 1975, mit einem breiten Überblick über Quellenmaterial und Bibliographie auf S. 167-201. Zuletzt, allerdings mit Lücken und groben Mißverständnissen bezüglich der vorgenannten Bibliographie: B. H. ROSENWEIN, *Rhinoceros Bound. Cluny in the Tenth Century*, Philadelphia, University of Pennsylvania Press, 1982. Zum Thema der Freien und ihres allmählichen Niedergangs und zur Frage der Aristokratisierung der gesellschaftlichen Führungsfunktionen (z. B. des Kriegs) s. J. FLEK-KENSTEIN, *Adel und Kriegertum und ihre Wandlung im Karolingerreich*, in: *Nascità dell'Europa ed Europa carolingia: un'equazione da verificare*, Bd. I, Spoleto, Centro Italiano di Studi sull'Alto Medioevo, 1981, S. 67-94; V. FUMAGALLI, *Le modificazioni politico-istituzionali in Italia sotto la dominazione carolingia*, ebd. S. 293-317. KARL BOSL, *Leitbilder und Wertvorstellungen des Adels von der Merowingerzeit bis zur Höhe der feudalen Gesellschaft*, München 1974. WOLFGANG VON BRAUNFELS u. a. (Hg.), *Karl der Große*, Bd. I; *Persönlichkeit und Geschichte*, Düsseldorf 1965. PHILIPPE CONTAMINE, *La Guerre au Moyen-Âge*, Paris 1980.

Zu Odo von Cluny und zum heiligen Gerald von Aurillac, ihren weltlichen Aktivitäten und ihren Krisen vgl. V. FUMAGALLI, *Note sulla »Vita Geraldi«*, op. cit. S. 219-221; Zur Liebe zur Jagd bei Laien und Geistlichen: M. MONTANARI, *L'alimentazione contadina nell'alto Medioevo*, Napoli, Liguori, 1979, S. 261-268 (*Caccia e vita signorile: cultura e atteggiamenti mentali*); zu den Königs- und Kaisersitzen ist grundlegend C. BRÜHL, *Fodrum, Gistum, Servitium Regis. Studien zu den wirtschaftlichen Grundlagen des Königtums im Frankenreich und in den fränkischen Nachfolgestaaten Deutschland, Frankreich und Italien vom 6. bis zur Mitte des 14. Jahrhunderts*, Bd. I, Köln-Graz, Böhlau, 1968, insbesondere S. 392-451. Zum Zusammenhang zwischen Gewalttätigkeit und Militär- oder Führungsfunktionen: G. DUBY, *Guerriers et paysans. VIIe-XIIe siècle. Premier essor de l'economie européenne*, Paris, Gallimard, 1973 (dt. Übers.: *Krieger und Bauern. Die Entwicklung von Wirtschaft und Gesellschaft im frühen Mittelalter*, Ffm 1983). Der Aristokratisierungsprozeß der militärischen Funktionen und folglich auch der Gewaltausübung im Krieg sowie die Herausbildung einer mächtigen adligen Herrenschicht und ihre Befähigung, die gewöhnlichen Freien zu kontrollieren und zu unterdrücken, wird erhellt von V. FUMAGALLI, *Le modificazioni politico-istituzionali*, op. cit. Krisen und Veränderungen der Lebensform in der Adelsschicht werden dargestellt und begründet in: V. FUMAGALLI, *Il Regno italico*, op. cit. S. 121-123. Zu den gesellschaftlichen Ebenen der Heiligsprechungen im Mittelalter vergl. P. DELOOZ, *Sociologie et canonisations*, La Haye, M. Nijhoff, 1969, passim (mit reichhaltiger Bibliographie).

VITO FUMAGALLI, geboren 1938 in Bardi (Parma), lehrt Mittel-alterliche Geschichte an der Universität Bologna.

Von ihm erschienen:

Le origini di una grande dinastia feudale: Adalberto di Ca-nossa, Tübingen (Max Niemeyer) 1971;

Terra e società nell'Italia padana. I secoli IX e X, Turin (Ein-audi) 1976;

Il regno italico (Band 2 der *Storia d'Italia,* herausgegeben von G. Galasso), Turin (Utet) 1978.

Fumagalli ist Mitglied des Direktoriums des ›Centro Italiano di Studi sull' Alto Medioevo‹ in Spoleto.

ITALIENISCHE GESCHICHTE

GIOVANNI LEVI *Das immaterielle Erbe*
Eine bäuerliche Welt an der Schwelle zur Moderne
»Das Schicksal des piemontesischen Dorfpfarrers Chievi dient Levi als Anstoß zur
Rekonstruktion des sozialen und kulturellen Milieus dieses Dorfes.« Anisa
Aus dem Italienischen von Karl F. Hauber und Ulrich Hausmann. Broschur.
200 Seiten, DM 34.–

PETER BURKE *Vico*
Philosoph, Historiker, Denker einer neuen Wissenschaft
»Dieses schmale, für seinen Umfang denkbar faktenreiche Buch ist die beste
Einführung in das komplizierte Werk des neapolitanischen Philosophen.«
Gustav Seibt, Frankfurter Allgemeine Zeitung
Aus dem Englischen von Wolfgang Heuss. Broschur. 120 Seiten, DM 19.80

ERNST PIPER *Der Aufstand der Ciompi*
Über den Tumult, den die Wollarbeiter im Florenz der Frührenaissance
anzettelten
»Man liest das Buch mit Spannung und möchte es mitnehmen auf die nächste
Florenzreise, denn es enthält auch ungewöhnliche, touristische Hinweise.«
Ekkehart Krippendorf, Die Zeit
Wagenbachs Taschenbücherei 49. 128 Seiten, mit vielen Abbildungen, DM 8.50

ERNST PIPER *Savonarola*
Umtriebe eines Politikers und Puritaners im Florenz der Medici
Pipers Buch handelt vom Politiker Savonarola, dem es – für wenige Jahre –
gelang, sowohl die religiöse Abwendung von der Welt wie den bürgerlich-rechen-
haften Widerstand gegen die Verschwendungssucht der Renaissancefürsten
in seiner Person zu vereinen.
Wagenbachs Taschenbücherei 60. 160 Seiten, mit vielen Abbildungen, DM 11.–

WERNER RAITH *Spartacus*
Wie Sklaven und Unfreie den römischen Bürgern das Fürchten beibrachten
Werner Raith beschreibt nicht nur den Ablauf des Sklavenaufstands unter Anfüh-
rung von Spartacus, sondern auch den Hintergrund, vor dem er stattfindet: Die
sizilianischen Aufstände und die Rebellion der Gladiatoren, die Lebensumstände
in der römischen Republik und ihre Ideologie der »humanitas«.
Wagenbachs Taschenbücherei 84. 176 Seiten, mit vielen Abbildungen, DM 11.–

FRIEDERIKE HAUSMANN *Garibaldi*
Die Geschichte eines Abenteurers, der Italien zur Einheit verhalf
»Eine überzeugende Biographie, geschrieben mit großer Sympathie für den Hel-
den, aber ohne die nötige Distanz zu verlieren.« Frankfurter Allgemeine Zeitung
Wagenbachs Taschenbücherei 122. 192 Seiten, mit vielen Abbildungen,
DM 14.50

FRIEDERIKE HAUSMANN *Zwischen Landgut und Piazza:*
Der Alltag von Florenz in den Briefen Machiavellis
Das Alltagsleben im Florenz der Renaissance in den privaten, bisher unübersetzten
Briefen Machiavellis, einem seiner berühmtesten Bürger.
Wagenbachs Taschenbücherei 150. 160 Seiten mit zahlreichen Bildern, DM 16.50

KUNST IN ITALIEN